怎样当"00后"孩子的妈妈

丁 丁 编著

中国书籍出版社
China Book Press

图书在版编目(CIP)数据

怎样当"00后"孩子的妈妈/丁丁编著.—北京：中国书籍出版社,2014.9
ISBN 978-7-5068-4421-5

Ⅰ.①怎… Ⅱ.①丁… Ⅲ.①家庭教育 Ⅳ.①G78

中国版本图书馆 CIP 数据核字(2014)第 210206 号

怎样当"00后"孩子的妈妈

丁丁　编著

策划编辑	尚东海　武　斌
丛书统筹	尹全生　成晓春
责任编辑	邓潇潇
特约编辑	李新慧
责任印制	孙马飞　马　芝
封面设计	欧阳永华
出版发行	中国书籍出版社
地　　址	北京市丰台区三路居路 97 号(邮编:100073)
电　　话	(010)52257143(总编室)　　(010)52257153(发行部)
电子邮箱	chinabp@vip.sina.com
经　　销	全国新华书店
印　　刷	三河市天润建兴印务有限公司
开　　本	710 毫米×1000 毫米　1/16
字　　数	245 千字
印　　张	14
版　　次	2014 年 11 月第 1 版　2014 年 11 月第 1 次印刷
书　　号	ISBN 978-7-5068-4421-5
定　　价	27.00 元

版权所有　翻印必究

前 言

法国著名哲学家、思想家和教育家爱尔维修说过:"人刚生下来都是一样,仅仅由于环境和教育的不同,有人可能成为天才,有人则变成凡夫俗子甚至蠢材。即使再普通的孩子,只要教育方法得当,也会成为不平凡的人。"所以,家庭教育会影响孩子的一生,父母特别是"妈妈"对孩子的影响,是最关键的,也是无可替代的。

孩子从一个自然人成长为一个社会人,要经历各个方面、多种多样因素的影响。自身因素包括:自我约束、自我评价、自我激励、自我追求等;外在因素则有:家庭、学校、社会的影响。而在这些外在因素里,家庭环境及家庭成员对孩子的影响,是最早也是时间最长的一种。而在家庭成员中,对孩子影响最大的则是妈妈。妈妈在孩子成长教育过程中具有特殊地位,说"一百个好老师也抵不过一个好妈妈",一点也不过分。那么,如何当个称职的"好妈妈",却是极不容易的事,不是主观上想当"好妈妈"就能成为"好妈妈"的,更不是爱孩子就能成为"好妈妈"的,因为,"爱孩子是连母鸡都会做的事"。

从孩子出生那一刻起,成为妈妈的女性无一例外地会自信满满,坚信自己将会成为一个称职的"好妈妈"。可是,随着孩子逐渐长大,不少年轻妈妈的自信就逐渐消失,甚至会面对孩子的劣迹束手无策、唉声叹气。这说明,仅仅靠母爱是不够的,仅仅靠自信也是不够的——教育培养孩子,还需要正确的方法。

《怎样当"00后"孩子的妈妈》就是为身负教子之责的年轻妈妈们,量身打造的一本适应现代社会环境的家教图书。时代在变,妈妈对孩子的教育方式,也必须随着社会的变迁与时俱进,才能收到预期的效果。本书精选诸多家庭教育场景进行分析解读，深入浅出，告诉每一位妈妈怎样做才能成为"好妈妈"，怎样做才能成为一个称职的、胜过好老师的好妈妈。

"80后"妈妈已经成了年轻妈妈的主体，而这些年轻妈妈自身多半又是中国第一代独生子女。她们需要科学的引导、正确的方法，只有这样，才能在教育孩子的路上少走弯路——世上很多事情做错了，是可以重新开始的，而妈妈对孩子的影响，对孩子的培养教育如果出现了问题，使孩子的人品、性格、价值观出现问题，形成了不健全的人格、不良性格或错误的价值观、人生观，那时，就很难改变了，只能使人遗恨终生。

"独生子女"培养"独生子女"是一个相当普遍的现象。身为妈妈的"80后"，如何把孩子培养成人格健全、好学上进、智慧有为的社会有用之才，不仅仅是有主观愿望就能实现的，而需要正确的方法和自身的修养；不仅仅是某个家庭的问题，而是整个社会的问题！

目 录

第一章　年轻妈妈的困惑

- 你的孩子爱你吗 ·· 2
- 孩子为什么不理你 ·· 10
- 是什么触怒了孩子 ·· 15
- 什么时候"起跑"才不晚 ······································ 18
- 谁对孩子的错误负责 ··· 21
- 为什么孩子"爱说谎" ··· 23
- 孩子的潜力你了解多少 ·· 24
- 孩子的"粗话"哪里来 ··· 27

第二章　什么样的孩子惹人爱

- 找回人见人爱的小天使 ·· 32
- 炫耀财富不能变成财富 ·· 35
- 情商也能培养 ·· 37
- 小小社交高手 ·· 40
- 情商养成法 ··· 43

第三章　好妈妈，坏妈妈

- 爱有几分 ·· 48
- "好"妈妈，"坏"妈妈 ······························ 52
- "棍棒"教不出超能力 ······························ 55
- 和孩子的内心来个亲密接触 ······················ 58
- 树立榜样不能"埋炸弹" ···························· 60
- 喂饭和吃饭 ·· 62
- 化蝶前的挣扎 ····································· 68
- 理解比棍棒更有力量 ······························ 70

第四章　成长问题莫烦恼

- 孩子性格上的雷区 ································· 76
- 心理健康早知道 ··································· 82
- 教育的六个"硬伤" ································· 85
- 拯救"羸弱"的孩子 ································ 90
- 压岁钱该交给谁 ··································· 92
- 可怕的虚荣心 ····································· 95
- "难以启齿"的话题 ································ 98
- 恋父、恋母早知道 ······························· 100
- 别给孩子"毒药"了 ······························ 103
- iPad 的悲剧别重演 ······························ 106

第五章　给孩子的礼物

- 种子、园丁和果实 ······························· 110
- 帮助孩子找兴趣 ································· 113
- 少点规则，多点涂鸦 ···························· 117

- 陪着孩子画创意 ······ 120
- 其实每个孩子都是天生的画家 ······ 125
- 孩子学"国标"妈妈颇纠结 ······ 127
- 音乐是开发智力的金钥匙 ······ 130
- 音乐教育请在放松和快乐中进行 ······ 132

第六章　聪明妈妈育儿术

- "懒妈"有"懒福" ······ 138
- 变成"孩子"才能教好孩子 ······ 143
- 聪明的妈妈会用"计" ······ 146
- 会"管"的妈妈，听话的娃 ······ 150
- 马大哈也能改变 ······ 155
- 改掉孩子"乱花钱"的毛病 ······ 157
- 教会孩子花钱 ······ 161
- 给孩子"合脚"的教育 ······ 166
- 从管理"小金库"学理财 ······ 170

第七章　点燃智慧的火花

- 一时的成绩、一世的习惯 ······ 176
- 如何让孩子认真听讲 ······ 179
- 不能被替代的书籍 ······ 181
- 给孩子找个好伙伴 ······ 183
- 被抹杀的奇妙世界 ······ 186

第八章　陪孩子一起做"白日梦"

- 不要忽略孩子的"傻问题" ······ 190
- 妈妈如何看待"童言无忌" ······ 192
- 如何回答孩子的"怪问题" ······ 197

- 善待孩子的"假想伙伴" ……………………………………… 199
- 品味孩子的重口味礼物 ……………………………………… 201
- 孩子眼里的世界是什么样 …………………………………… 204
- 妈妈，圣诞老人是真的吗 …………………………………… 209
- 妈妈，世界上最大的数字是多少 …………………………… 212
- 孩子想象天空何必都蓝色 …………………………………… 215

第一章　年轻妈妈的困惑

　　初为人母的年轻妈妈们，所有的育儿知识都是来自书本和长辈的传授，而孩子是独立的个体，有不同的秉性，另外，时代的变化也让如今的孩子和过去大不相同，这些育儿知识有用吗？妈妈要和孩子交流，要走进孩子的世界，但是孩子的心理状态、思维方式和大人都不一样，年轻妈妈能和孩子沟通吗？没有经验的妈妈们是否能够担当起教育下一代的重任呢？

你的孩子爱你吗

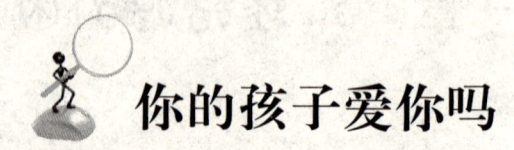

妈妈对孩子的爱是无私的，有这样的观点，既然妈妈对孩子付出了生养的辛劳，于是她就有权对孩子提出种种要求，而孩子只能无条件地接受妈妈的全部，不能对她的作为提出任何异议……今天，这一传统思维正在逐步被打破，事实是，连五六岁的孩子，也会纷纷以稚嫩的语言向妈妈提出要求。也就是说，今天做一个受欢迎的好妈妈，不只是做孩子的全职保姆和全天候家教就够了。一个年轻的好妈妈，必须是一个善于洞察和了解孩子内心的真实需求、能够"与时俱进"的妈妈。

经典事例

故事一："嫉妒心"太强的妈妈

随着就业竞争的加剧，把孩子的日常照看委托给老人的妈妈越来越多，极端的例子是，一周见不了孩子两天。而发现孩子在情感上依赖老人，又不免妒火中烧，表现为当着孩子的面挑剔老人的行为，或者要孩子做出选择："是妈妈亲，还是奶奶亲？"把孩子交给保姆也有同样的问题。有一位外企白领因为儿子过分

"黏"保姆，接连换了四任保姆来争抢孩子的"情感所有权"，结果弄得四岁的儿子变得特别胆小、怕黑，没有安全感。

故事二：爱"攀比"的妈妈

从孩子出生开始，妈妈们就开始了各种攀比。从谁的孩子长得白、个儿高，到谁的孩子会背唐诗宋词；从谁的孩子过了钢琴8级，到谁的孩子书法已赴日展览……妈妈们在一起咬完耳朵，回来看到自家怯懦平常的孩子，免不了急火攻心，絮絮叨叨。6岁的何童很不高兴他家楼上就有这么个"榜样"：早上6点半，楼上的小姑娘已经在唱英文歌；晚上10点钟，楼上的钢琴练习曲还在不厌其烦地奏响，同样是6岁，同样是大学老师的孩子，人家女儿怎么强过我家的儿子这许多？何童妈妈一面对儿子严加督促，一面止不住叹息：我要有个乖巧的女儿就好了。6岁的何童有一天终于将唠叨不休的妈妈彻底噎住："你想要楼上的王菁做女儿，我还想要楼上的王菁妈妈做妈妈呢，人家王菁妈妈比你漂亮，比你有学问！"何童妈妈的脸不禁变得煞白。

故事三：防范心太强的妈妈

有些妈妈生性敏感，对孩子的安全问题特别不放心，总是反复提醒、唠叨。6岁的萌萌就是一个典型的例子：如果妈妈没有下班，她从幼儿园回来只能跟保姆呆在家中看电视，不能到大院里去"疯"。妈妈总是以报纸上拐卖儿童或看护不力，导致儿童受伤致残的例子来吓唬她，久而久之，萌萌就变成彻彻底底的"电视儿童"，见了陌生的客人连招呼也不打，而是像老鼠一样窜进小房间里，半天也不出来。

故事四：限制孩子交朋友的妈妈

8岁的王磊这样描绘她的妈妈："妈妈总希望我的朋友都是十项全能的优等生，会弹钢琴、会游泳、会打羽毛球、绘画比赛也得过优胜奖……当妈妈发现我最好的朋友只是一个中等生时，她失望极了。"如果王磊长到15岁，他的妈妈仍没有改变的话，他会说："妈妈是个功利心太强的人，所以，我交了什么样的朋友都不会告诉她。"这种沟通大堵塞，难道是妈妈们期待的吗？

故事五：童心早泯的妈妈

一位台湾的畅销书作家说：女儿给了我又一次体验童心的机会。她号召妈妈蹲下身来，恢复儿童的本能，以儿童的视角看世界，"从儿童的视角看过去，这世界有更美妙的细节，这是我们成年人无法体会到的"。所以，不要讥笑某些妈妈与几岁的儿女一样穿卡通套头衫，伏在草丛里捉蚱蜢，或者为风筝的缠绕大呼小叫，这都是童心未泯的表现。儿童心目中最无趣的妈妈，就是你唤她来看肥皂泡上的彩虹，或者来看搬家的蚂蚁军团，她瞄一眼，就很淡漠地说："你怎么老关注这种没意思的东西？你的钢琴弹了没有？英语听了没有？"

故事六：天天看长篇肥皂剧的妈妈

9岁的朵朵说，她最讨厌妈妈看长篇肥皂剧，每部片子都长达40到100集，妈妈一看上瘾就不跟她玩了："有一次我们去嘉年华主题游乐园，玩到晚上七点钟我还不肯走，妈妈就大发脾气。等我答应马上回家，妈妈又主动说要送我两个漂亮的陶瓷娃娃做礼物。我知道，妈妈转怒为喜，不过是她马上又可以回去看连续剧罢了。我真的很伤心，难道妈妈把看电视看得比我还重要？"朵朵说，她最开心的日子就是家里停电："上次停电两小时，妈妈不得不点蜡烛，教我们在墙上玩手影游戏。"朵朵从此希望"再停一次电"，令她失望的是，停电的机会却再也不来了。

故事七：得理不饶人的妈妈

幼儿园的活动课上，天天被后面的浩浩从滑梯上推下，擦破了额头。事后，老师们轮番找"肇事"的浩浩谈话，又令他对天天道歉，浩浩父母知晓后又再三来探望天天，表示如果要上医院检查，一切费用他们来付。本来也就是一场虚惊，天天头上贴了一片邦迪创可贴，已经止血止疼，结果，次日被前来接孩子的天天妈妈知道后，非要带孩子去医院做全身检查不可，对于天天表示"我跟浩浩是好朋友，我们已经和好了""我不想去医院打针"，天天妈妈横眉立目道："这个时候不检查，以后出了毛病谁负责？"又言，"摔了我的宝贝，就这样不声不响地完事啦？"

天天被妈妈拉着，去儿童医院转了半个楼，开了一大堆化验检查的单子，浩浩父母陪着，双方的态度愈来愈微妙。这其中的尴尬，连6岁的天天也看出来了，出门时，她终于低低地抱怨："妈妈你真丢人！"天天妈妈有些摸不着头脑：谁丢人啦？理不是在咱们这边吗？

故事八：出尔反尔的妈妈

5岁的小雅说，她已经不相信妈妈会带她去日本迪士尼乐园的承诺了，因为事不过三,"妈妈是一个说话不算数的人"。由此,当妈妈生气于小雅的某些作为,发誓要处罚她时,小雅也满脸的无所谓,"妈妈会忘记的,她连迪士尼乐园也没有带我去呢,怎么记得住这一礼拜都不让我看动画片?"

故事九:被孩子"讨厌"的妈妈

在家中开过一次生日 party 后,5 岁的乐乐再不肯邀集同班小朋友来开圣诞 party 了,因为,"上次妈妈切蛋糕把最小的一块给了我","拍了那么多照片,只给我拍了 3 张"。

事隔几个月,乐乐提起妈妈的"不公平",眼泪又在眼眶中打转,妈妈说,那是待客的礼貌,又说乐乐小气,是"小儿科科长",乐乐竟捂着耳朵尖叫起来:"反正我再也不要人来家玩了,别的小孩子一来,人家就成了太阳,妈妈专门围着人家转……我讨厌妈妈!"

故事十:被孩子瞧不起的妈妈

4 岁的楠楠每天都要问一些奇怪的问题,比如她会问爸爸:"妈妈这么胖,你为什么还要跟她结婚?"爸爸妈妈面面相觑,都不晓得这小丫头的鬼脑子里在想什么;又比如出门之前,贝贝会提醒妈妈:"妈妈你为什么不搽口红,不染头发?你为什么总穿牛仔裤而不穿裙子?噢,我知道了,你一定是不想被人看到你的大胖腿。"妈妈羞得满脸通红,背地里对爸爸说:"是不是只有美女帅哥才配做楠楠的爸妈?我还没老,女儿居然就嫌我丑?"

感悟点滴

（一）再亲密的爷爷奶奶，再尽心尽力的保姆，都无法替代母亲在孩子成长中的作用。再忙的妈妈都应保证每天与孩子接触45分钟到一个小时，此时的妈妈应关掉手机，好好沉浸在孩子为你提供的纯真环境里。要知道亲子互动不仅使孩子得益，妈妈也是受益者——它令你体验卸下面具、本色示人的快乐。

（二）妈妈都望子成龙、望女成凤，可正是因为沉湎在对儿女前程的不切实际的幻想中，她才会变成一个完美主义者，不断地拿别的孩子进行比较。然而一面攀比一面打击孩子的习惯，从根本上说，是在慢慢毁掉孩子的自信心。要知道，孩子的成长动力，来自于心理上不断做出的自我肯定，缺乏自信的小孩最终会变得底气皆无，碌碌无为。

妈妈这种把孩子和其他孩子进行比较的做法，容易使年幼的孩子失去安全感。4岁以下的孩子，如果总听妈妈说自己不如邻居及同事的某个小孩，心理压力会增大，会有被抛弃的恐慌。而当孩子渐渐长大，意识到自己再不合妈妈的意，妈妈都无法抛弃自己时，向上的动力也会消失，这个时候孩子就会变得疲沓，任何批评都无法触动他。甚至，他会反讽自己的妈妈"不如某某同学的妈妈漂亮有学问"。此时，作为妈妈，你将如何面对这一尴尬的局面？

（三）那些把孩子保护得密不透风的妈妈认为，孩子缺乏本能的自我保护能力，需要父母撑起保护伞亦步亦趋。她不会想到她的言行，给孩子造成"世界处处是陷阱"的错觉，最终将使孩子拥有相当极端的性格，一是性情封闭内向，怯懦无比，甚至出现交流障碍；二是部分孩子长成后很可能成为胆大妄为的青少年，你越是说那是禁果，他越觉得可能那是美味。这就相当危险了。

因此，与其过度保护，不如规定几条基本的原则，或让孩子懂得自我保护的几点要诀后，大胆放手，让孩子在尽可能大的活动范围内尽情体验自由。

（四）近朱者赤、近墨者黑，功利心较强的妈妈都希望孩子能交到"榜样朋友"，认为只有交到的朋友强于孩子，孩子才能从朋友处有所获得。这样去理解"朋友"二字未免过于狭窄，想一想你交往的朋友都在学历或仕途上强于你吗？一个有意思的朋友，可能是以他的善解人意、他的诙谐风趣打动我们，孩子也一样。

（五）不愿和孩子玩游戏的妈妈，同样得不到孩子真心的奖赏。往往是你跟孩子趴在草丛里玩累了以后，孩子会带你去看一个他的"秘密花园"，一个只有他和几个小伙伴知道的地方。他们，常常来这里互诉烦恼和心事。他把妈妈带到这里，表明他已将你视作最贴心的"哥们"，他愿意对你说一说"私房话"了。与孩子在一起尽兴玩耍，是做妈妈的打开孩子心扉的重要途径，就像阿里巴巴的山洞一样，你念对"咒语"，孩子的心门才会訇然而开。

（六）孩子需要妈妈的关注。超级电视迷妈妈总以为自己在家待的时间够长，对孩子的起居照料也够多，然而，除此之外呢？妈妈对着电视度过居家的分分秒秒，对孩子而言，她等于人在心不在。因此，专家的建议是：一家人每周至少应设置两天"关电视日"，一家人共同阅读、交谈或游戏；平日开电视时，最好只开一台电视机，"妈妈应选择电视节目和孩子一起看，也可以带孩子看马戏、魔术、音乐类的电视，与孩子交流对电视节目的看法，从而把看电视的活动演化为亲子沟通的平台。

（七）在孩子身上总能找到父母的影子，在我们抱怨现在的孩子越来越以自我为中心、越来越不懂得"宽忍"二字的时候，我们先要检讨自己：作为妈妈，我们给予孩子"有容乃大"的身教了么？很多妈妈，从小教育孩子要"寸土不让"，要"得理不饶人"，从根本上说，是将"敢于竞争"与利益上的争抢相混淆了，这样教育出来的孩子，很可能是缺乏团队协作精神的孩子，将来即便有一技之长，因为人的刻薄自私，也很难获得团队的认可，最终也难有大的出息。为何不对孩子间的些微摩擦一笑了之？放手由孩子自己去处理伙伴间的矛盾，对其未来的人际交往能力，将有莫大的益处。

（八）孩子是纯真善良的，连五六岁的孩子也会尖锐地指出妈妈不守信用，那么，我为什么就不能守信用？总是打"承诺牌"的妈妈，其出发点都没错，是希望给孩子进步增添一点物质刺激，使之有动力。然而，妈妈为自己的"爽约"寻找各种理由，却使承诺带来的正面刺激一步步走向消失。

妈妈是孩子的榜样，假若妈妈总是为自己的"爽约"寻找客观理由，那么，孩子将来也会为自己做不到的事寻找各种借口，而不从自身寻找原因，从不道歉及反省自我。这是一种什么样的后果？

（九）孩子跟妈妈最亲，甚至把妈妈视为自己的"专利品"，不允许妈妈对别人表现出亲密（包括爸爸），是幼童的特有心理，这种"霸道"的心态，事实上是幼童心理上构筑安全感的一种方式，妈妈不必为此感到过分忧虑。过了2岁到5岁这一阶段，从6岁起，随着儿童交往圈的扩大，及情感寄托的多元化，他会逐渐学会与身边的人分享妈妈的关怀，他的妒意，也不会如小时那么激烈了。

（十）美的东西谁都喜爱，儿童的认知还未成熟到要"透过现象看本质"，所以"以貌取人"是他们的拿手好戏，儿童普遍希望妈妈有卷曲的长发、穿裙子、化淡妆，被小伙伴们称美，这与儿童对妈妈的感情无关。所以，不妨对孩子的挑剔一笑了之，碰上你心情好，也可以征询他们的意见："你希望妈妈穿什么颜色的裙子？"或者"妈妈喝减肥茶也可以，但很可能没有力气抱你，你乐意么？"如果你有度量按照孩子的意愿改变自己，亲子之间的气氛会更融洽，孩子反过来也可能按照爸妈的意愿，来改变自己的习惯。这不是坏事。

孩子为什么不理你

孩子也有自尊心，妈妈对待孩子，要像对待成人一样，不要有一点错就总是板着脸指责他，而是应该委婉地指出来，尽量避免对孩子的内心造成伤害。

经典事例

故事一：啰嗦型

大清早，妈妈早早地起来，一边收拾房间，一边为嘟嘟准备早餐。六点半，牛奶、鸡蛋、面包准时端上桌，这一切整理完毕后。妈妈就开始一遍一遍地叫小嘟嘟起床。一直到快七点了，嘟嘟才懒洋洋地起来。当嘟嘟胡乱刷刷牙，抹两把脸，坐到饭桌前用最快的速度对付着这顿早餐时，妈妈就开始在他的房间帮他叠被子，收拾凌乱的衣服、物品，嘴里还不停地唠叨着："看看你，老是把哪儿都弄得乱七八糟，让人跟在你屁股后面收拾。每天让你起床都得喊破嗓子才动，你看看饭都凉了，总吃凉饭，还这么狼吞虎咽的，胃要坏的，还得给你看病去，天天说都没用。要是我一叫你就早点起来，不是就不用这么紧张，也不会老是迟到挨批评了……"妈妈还在啰嗦，嘟嘟对妈妈的话充耳不闻，只顾把吃的、喝的填进肚子，用手背抹抹嘴，抓起妈妈早已经为他放到客厅沙发上的书包，转身就往外走。妈妈追在他身后喊着："着什么急呀，就吃这么几口呀，一上午的课呢，会饿的。哎，上学的东西都带齐了吗，别又落点儿什么，每天都得让人提醒……"

故事二：对比型

杨帆放学带回一张问卷调查表，她说这是学校发给家长们填的。其中有一项问题是"您是否常拿孩子和别人的孩子比"。看到这里，杨帆就对妈妈说："老师说了希望各位家长都能如实回答问题。"于是妈妈就填了"经常"，杨帆就问妈妈："妈妈，你为什么总爱拿我和别的孩子比啊？"妈妈脱口而出："不比你怎么进步？"

第二天，杨帆把班里的调查结果拿回来给妈妈看。班里一共有 60 名同学的家长填写了问卷调查表。根据表上显示：有 53 名家长都经常拿自己的孩子和别人的比，而有 50 名同学都对家长的这一习惯表示非常反感。有一个学生还在问卷上写道："我无语了，为什么他们非要拿我跟其他优秀的孩子比呢？一定要比其他的孩子都好吗？我真的很痛苦！"

妈妈们都喜欢拿孩子进行对比，我们先不讨论这种做法的错与对，但是有一点是绝对的：孩子们不喜欢妈妈们的这种做法。妈妈们应该知道，当你拿别人当镜子时，你就看不清自己的真面目，这样容易使你生活在别人的影子里，容易失去自我，你将会永远跟着别人走。

但凡对比，妈妈肯定是选择某些方面比自己孩子优秀的孩子进行比较，用孩子的短处去对比别人家孩子的长处。这样比，就看不到自己孩子的进步，就对自己孩子不满意。不满意就唠叨，一唠叨孩子就烦，孩子一烦就容易出现逆反心理，一逆反就厌学……这都是"比"惹的祸。所以妈妈们应该反省一下自己，看看自己的孩子，其实他也是很优秀的，他每天都在进步：当他今天在语文课上受到老师的表扬，当他了解了一段历史知识，当他今天对嗅碳卫星有所了解时，他就是在进步！只是妈妈被这种"比"蒙住了双眼，就算孩子努力了，进步了，她也看不到、感觉不到。这种做法是非常可怕的，只会让孩子越来越厌学！妈妈们多倾听一下孩子的想法吧！如果您做到了把"和别人的孩子比"变成"自己和自己比"，您就一定能看到孩子的进步！

故事三：审问型

妈妈工作了一天，拖着疲惫的身子回到家，却看到厨房洒了一地牛奶，火一下子就上来了，这时候壮壮回来了。"是不是你弄洒了牛奶？平日里就说你丢三落四的，从来也不改。你看看，牛奶洒了一地，你怎么不收拾就去上学了。以后再这样，我饶不了你……"

"是我洒的。"壮壮看到妈妈气成那样，不但没有害怕，反而在不紧不慢地承认后，自顾自地回房间去了。

妈妈正生气，爸爸开门回来了。"你看看你儿子干的好事，把牛奶洒了，也不收拾一下，弄得满地都是……"

"怎么是儿子干的啊，是早上被猫弄洒的，我赶着上班，没来得及收拾，也忘记打个电话告诉你了。"

"啊，那他为什么承认啊？"妈妈被弄糊涂了。

妈妈推开孩子的房门，问道："壮壮，不是你弄洒的牛奶，你为什么承认啊？"

"嘿嘿，嘿嘿……"这一笑，让妈妈感到很受刺激，"因为妈妈生气的时候最可爱。"听到这里，妈妈心里咯噔一下……

故事四：揭短型

　　陶阳的孩子今年上初一，在小学时也是非常聪明乖巧的孩子，学习成绩一般，不说是尖子，但也不算很坏，因此陶阳从来也没有为孩子的学习多费过心，别人也都夸她的孩子聪明懂事，嘴也甜。这一点一直让陶阳非常的骄傲和自豪。可是孩子上初中后，学习成绩却开始一落千丈，而且逆反心理严重。去年陶阳家过得可不太平，整整一年的周末可以说是没有一天快快乐乐过，家里经常充满火药味。孩子英语不及格的时候，陶阳就急着找一堆家教为他补课，结果一学期花了4000多，英语成绩还是照样不及格。陶阳很着急，怎么说孩子就是不听，你说东，他就偏要往西走，总是话不投机半句多。说不了两句就会吵起来，那一段时间陶阳非常痛苦，不知道该怎么办，对孩子说话也非常尖刻。有次陶阳当着孩子的面说：人家怎么养的孩子那么好，每次考试都那么好，我怎么养了个这么笨的孩子？孩子脑袋反应特别快，立即回了陶阳一句说：我怎么遇见了这么笨的妈妈，人家爸爸妈妈都是当经理的，你是干什么的？陶阳当时哑口无言。后来陶阳仔细反思，孩子的问题到底出在什么地方，细细想来，或许是自己对孩子的态度出了问题，自己对孩子的态度真的是越来越差。于是陶阳决定改正自己的态度，对孩子永远保持温和的态度。无论孩子做什么，陶阳总是用耐心温和的态度对待孩子。三个月过去了，奇迹出现了，孩子和陶阳都发生了很大的变化，孩子不再和陶阳作对了，有什么事情还会主动地请教她，也知道关心人了，逆反情绪也不那么严重了。星期天陶阳去值班时，孩子还会嘱咐她说：妈妈，你放心去吧，我在家会管住我自己，路上要小心。写作业也比以前认真了，也知道努力上进了，每次周末回家都会和家教配合完成物理、数学等课目的学习。又过了一段时间，孩子的成绩真的提高了不少，连老师都惊叹孩子进步得如此之快，这时候陶阳才知道温和教育的好处，现在孩子学习优异又成为了妈妈的骄傲。

感悟点滴

（一）很多道理孩子心里都明白，可妈妈偏不这样认为，仍然絮絮叨叨说个没完。从心理学上讲，这种絮叨是一种重复刺激，会在大脑皮层上产生保护性抑制。你说得越多，他越听不进去。甚至还会冲撞你。

不少妈妈眼里，孩子总是孩子，需要教育：把孩子当一个成人，委婉地给他指出缺点，他能改吗？若有这份觉悟，他还叫什么孩子！

在现实生活中却恰恰相反，妈妈越是尊重孩子，孩子就会越自尊，越是自尊，他就越会注意修正自己的言行，以更加赢得别人的尊重。因此，委婉地指出孩子的缺点反而会比赤裸裸的训斥效果好得多。

（二）很多年轻妈妈都有个通病，就是把别人身上出现的不良倾向和坏事，不分青红皂白地迁移到自己孩子身上。这与青少年富有上进心和好胜心相悖，从而把孩子的感情推向对立面。

妈妈把自己的情绪带回家，将生活、工作上碰到的挫折，转移到小孩身上，不高兴或者是心情恶劣烦躁时，不管小孩做得对不对、好不好都大声斥责，结果挫折了孩子的自尊心，也容易造成亲子关系恶劣。

有时候，孩子对妈妈的建议表示不满，一般的妈妈就会大发雷霆。其实，你应该考虑一下你的建议对于小孩来说是否合适。不妨换一个角度，从小孩的角度去想一想。一般的妈妈都喜欢逛商场，但小孩子不一定喜欢，为什么？

（三）有的年轻妈妈容易小题大做，刚发现一些苗头性现象，便大惊小怪地把孩子喊到别处"单独审问"，根据主观臆断，把可能性说成现实性。这样孩子会因为你言过其实和妄加推测而大为恼火。

孩子的错误，妈妈要宽容，孩子的成长过程是他们不断修正错误的过程。

如果一定要责备孩子。这个时候，最重要的是要将事情本身与做事情的人分开，这样，你的孩子会知道自己做了一件不好的事，但这并不意味着自己是个不好的人。

（四）对孩子的缺点和错误，有些妈妈喜欢在吃饭时训话，或当着同学、亲友的面数落。这样做会挫伤孩子希望保密、谅解和宽恕的心情，产生破罐子破摔的思想而走向反面。

如果想彻底摧毁孩子的自尊心，就要经常拿比他"行"的人刺激他。

例如这种话要时常挂在嘴边："看人家××，从不让妈妈操心！"这是最让孩子伤心的了。

是什么触怒了孩子

暴躁以一种虚怯的表现，往往脾气越大，调节能力越小。婴儿一出生，就经常大声哭闹，手脚乱动，这种孩子容易形成暴躁的性格。但是大多数孩子脾气暴躁是后天形成的。在独生子女中，这种现象更为普遍一些。心理学研究表明，乱发脾气是儿童意志薄弱、缺乏自控能力的表现。这样的孩子想要什么就得给什么，想干什么就干什么，稍不如意就马上开始大哭大闹，冲父母、他人发脾气。

经典事例

小志的坏脾气可折磨坏了年轻的父母。小志刚满6岁,脾气却暴躁得厉害,稍不如意就大发雷霆,大喊大叫。即使是跟他讲道理,他也听不进去,如果父母不按照他说的去做的话,他就一直吵闹、哭喊,在地上打滚,手里有什么东西都会顺手扔出去。

为此,小志的父母可谓绞尽脑汁,打他、苦口婆心地教诲、罚他站墙角、赶他早点上床、责骂他、呵斥他、给他讲道理……这些都不管用,一有事情,小志还是会大发雷霆,暴躁脾气依然如故。

一天晚上,一家人正准备睡觉,小志突然想起要吃冰淇淋。已经很晚了,商店都关了门,爸爸妈妈试图跟他解释,劝说他明天再吃。然而,小志的脾气又上来了,他躺在地上大声叫喊,用头撞地,用手到处乱抓,用脚踹所有够得着的东西……

爸爸妈妈虽然生气,但对小志的脾气却无可奈何,他们努力克制自己的火气,暂时没有任何语言和动作。

小志叫喊半天了,出乎他的意料,这次居然没有人理他。于是,他又重新按他刚才的"表演"闹了一番。这次爸爸妈妈知道怎么做了。他们坐了下来,静静地看着儿子,没有任何语言和动作。

小志还是不服气,又开始了第三次"表演",然而爸爸妈妈还是没有任何表示。最后,小志大概也觉得自己趴在地上哭叫实在太傻了。他自己爬了起来,哭累了回房间睡觉去了。

从此,小志再也不朝别人乱发脾气,他乱发脾气的习惯因为没有得到强化而自然消失了。造成孩子好发脾气的原因很多,溺爱是重要原因之一。

感悟点滴

（一）内心的伤痛会带来孩子的愤怒

即使看起来气势汹汹，其实孩子的内心却是惊恐不安和悲伤的。一件很小的事会使他感到自己受到了严重威胁，而且他除了奋起反抗外别无选择。他也感到孤独，认为没有人帮助他，所有的人都想伤害他。孩子天生是渴求温情和友善的。如果你看到一个孩子狂暴地打他的亲人，你可以认定他正处于极度的痛苦中。他是以这种狂暴的方式引起父母和亲人的注意：他受到了伤害，需要帮助。

哭泣是孩子发泄情绪的表现。孩子悲伤的时候，哭泣可以排除他们的悲伤。孩子害怕的时候，哭泣、发抖和出汗可以消除他们的恐惧。孩子遭受挫折的时候，发过脾气之后他们能够重新感受生活的美好。但是，当孩子愤怒的时候，却没有明确的、与生俱来的康复途径可循。妈妈必须学会靠近惊恐而又充满痛苦的孩子。一旦学会如何靠近愤怒的孩子，妈妈就可以帮助孩子摆脱造成他们愤怒的主要原因——恐惧和痛苦。

（二）孩子可怕的经历也靠怒气掩盖

当孩子感到处境危险，或经常独自一人、无人做伴，或见到别人受到伤害，都会强烈地感到恐惧。在这种时候，由于过度惊恐或为恐惧所压倒，他们几乎无法抗争。他们会退缩，发呆，或默不作声以求逃生。这些骇人的时刻会使孩子留下深深的印记。在脱离危险后很久，他们仍会感到恐惧。他们的恐惧既来自于那件他们所遇到的可怕的事物，也来自在那次遭遇中自己陷入完全被动的处境的体验。

父母眼中很小的事情，都可能会触发孩子很久以前的经历留下的恐怖感。尽管此刻他并未面对严重威胁，他的行为正如那次一样，因感到孤独和惊恐作出自卫的反应，他愤怒。有时实际的威胁并不存在，愤怒的孩子是在与一个不存在的

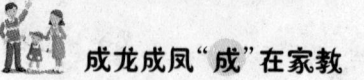

敌手争斗，昔日的恐惧仍然缠绕着他。

孩子只能用怒气掩盖这些经历。此时，家长告诉孩子没有必要紧张是毫无效果的。有效的方法是伴在他身边，帮助他处理他的恐惧和悲伤。

（三）受委屈的孩子也会愤怒

有时，孩子用愤怒表达抗争。由于我们或其他成年人未能善待孩子，孩子有充分的理由感到气愤。有自信心的年轻人受到委屈时，他们会迅速、强烈、高声地抗议，但并不想伤害任何人。他们的目的是要人倾听并争得公正。

当孩子觉得自己或自己所关心的人受到了委屈，他会很愤怒。妈妈最好的反应就是任由他的愤怒暴发出来，听他说些什么，看他是不是有道理。如果愤怒的人得到倾听并得知有切实的补救方法，事情就会迅速了结，情绪也随之归于平静，不会给孩子幼小的内心带来伤害。

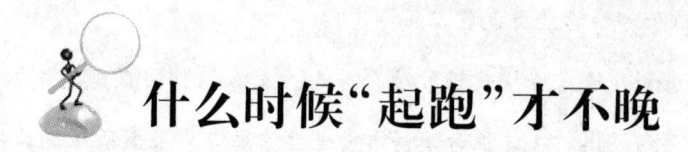

什么时候"起跑"才不晚

"让孩子赢在起跑线上"，面对这样的宣传，相信每个年轻的妈妈都不会无动于衷。近几年国内的早教市场发展可以用疯狂来形容，很多妈妈在并不知道早教与幼教的区别时，出于"爱"就把自家孩子送进了各种"亲子园"。

经典事例

小陈的女儿豆豆才刚满一周岁，一家人已经开始全家总动员，做起了早教中心市场调研，爷爷奶奶负责咨询价格，妈妈小陈则忙着"煲电话粥"——向单位的大姐讨教经验，目的就是为宝宝选一家最好的亲子园。

经过一番调查研究，小陈了解到，目前在当地经营规模大、连锁店多、口碑比较响的早教中心多数是"洋品牌"，其中尤以美国的金宝贝、澳洲的亲亲袋鼠等几家早教机构入园率较高，与此同时价格也确实是"高人一等"。而本土品牌，像诺贝尔、东方爱婴、运动宝贝等早教中心，虽然名气不大，课程设置有限，但是性价比高。如此来看，各有各的优势，为了确保给宝宝提供一个好的成长环境，小陈决定带着宝宝"实战演练"。

这天一大早，小陈带着豆豆来到实地考察第一站——位于市东区的金宝贝早教中心。"不愧为全球知名早教机构，无论外观装修，器械配置上都很好很新颖。"小陈和豆豆一起上的这节体验课大体分为十个环节，每个环节都会围绕主题展开，例如：快、慢、左右等，强调在游戏中强化孩子的认知，而且老师授课以英文为主。一堂课下来，小陈感觉课程安排得很丰富也很合理，但是一年96节课1万多的费用，着实让小陈感到吃不消。"确实太贵了，再加上奶粉、看病等日常花销，一个孩子一年就得两三万，一般家庭肯定负担不起。"

第二天，小陈又带着豆豆来到东方爱婴早教中心。从课前伴随音乐走动到玩积木、动物声音模仿，再到自我介绍、母婴互动、健身操，一堂课下来小陈自己都觉得很紧张。虽然硬件配套上没有金宝贝出色，但是老师耐心随和的态度以及性价比较高的课程设置，还是赢得了小陈的好感。经过仔细衡量，小陈最终选择了东方爱婴。

"其实，对于早教的作用我也不太懂，只是看周围朋友都把孩子送到亲子园，

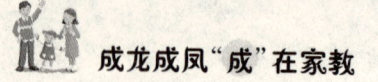

就觉得自己家孩子也应该去，不去的话，会不会还没'起跑'就输了？"小陈的一句话说出了家长的心声。

感悟点滴

孩子成长过程中，良好的早教环境和早教方式，的确有助于提高孩子的认知能力和生活能力。

然而，很多妈妈并没有弄清楚早教的意义，她们普遍认为，早期教育就是给孩子报名参加亲子园的各种学习班，带孩子去上课是希望孩子能学点什么。还有的妈妈以为把孩子送去上了早教班就是完成了任务，对于孩子的生长发育规律一概不懂，对于早教机构的资质、教学效果等丝毫不重视，只是盲目跟风，花费了大量时间和精力却收效甚微。

误区一　我的孩子是"天才"

事实是：90%以上的儿童都是正常孩子。妈妈给正常的孩子定超常的标准，那结果只能等于拔苗助长。

误区二　3岁前应该会背诗识字

事实是：孩子大脑在3岁以前的记忆只是机械记忆，妈妈常常以自己的孩子这么小就能说会道、会背诗词、会数数而骄傲，其实孩子这时并不理解一个词、一个数字代表的真实含义，只是一种短期的机械记忆，如果不定期重复，就会很快遗忘，而且这种做法并不能增强记忆力，也就是说孩子记住的东西并不比同龄人多。等到上学后，这些所谓的优势就会遗失，他们会重新与同龄人站在同一起跑线上，以前记的东西都白学了。

误区三　90%以上家庭把教育与学习相提并论：孩子不到一岁就认字，不到3岁学外语，过了3岁就进培训班

事实是：教育包括内容很多，健康心理、愉快情绪等，都不能用成绩衡量。

早教是要让儿童养成良好习惯，而不能逼孩子学会专门技能。

误区四　80%以上的家庭认为婴儿很脆弱，需要尽可能细致的照料

事实是：婴儿不是病人，他们从还是胎儿的时候就有了各种能力，一出生则有72种潜能，有惊人的适应能力。如把婴儿当病人照顾，婴儿的潜能就会消失。

误区五　输了起跑线，孩子就会输掉人生

事实是：其实人生的起跑线不止一条，人生的成功也不在于儿时成绩的高低。

谁对孩子的错误负责

有些父母爱子心切，就像直升机一样盘旋在孩子的上空，时时刻刻监控着孩子的一举一动，我们称之为"直升机父母"。他们对孩子无所不管，无处不在，介入孩子的一切。当孩子有需要时立即给予补给，在孩子即将遇到困难时随时降落为孩子先挪去障碍……他们努力地培养着长不大的一代！

经典事例

丽丽有个勤劳的妈妈。孩子的事她总是安排得井井有条，能替孩子做的从不让孩子动手。每天晚上都会把丽丽的小书包收拾好，看看彩笔带了没，再确认一下幼儿园布置的作业放进去没。而5岁的丽丽，也习惯了这样的生活。有一天，

丽丽从幼儿园回来，撅着小嘴，跟妈妈大发脾气："展示作业没有带，被老师批评了，都是你不好……"她还赌气不吃饭。妈妈也觉得很内疚，好像自己犯了多大的错误。

6岁的小刚喜欢唱歌，他和同学们组成的合唱团即将参加比赛，可是临到参加比赛的前一天，小刚退缩了，哭着要妈妈打电话给老师。妈妈看着小刚嗓子都快哭哑了，只好出面帮小刚解围，"好的好的，咱们不去了，妈妈给老师打电话"，结果后来去幼儿园，小刚才知道同学们得奖了，回来又气鼓鼓的，怪妈妈没有带他去。

感悟点滴

这两个例子反映出同一个问题，本应由孩子负的责任反倒落在妈妈身上。坦率地说，收拾书包这样简单的事，应该让孩子自己做，更何况丽丽已经5岁了。不仅要教会丽丽自己收拾书包，更要让丽丽明白这是自己应该负责的事情。没有带作业是丽丽的错，可连妈妈也觉得是自己的错，这才是出了大问题。

再看看小刚，本来该由小刚自己"打电话给老师说自己不去"，结果妈妈替代小刚去面对，去承担责任。妈妈可以替代孩子做事，却不能替代孩子做人，不能替代孩子成长。我们不赞成家长逼孩子参加活动，去拿奖、争名次，但不代表可以无原则地放弃。对孩子的期望值很高，但也容易向孩子妥协，纵容孩子，这是"直升机父母"的典型特征。

许多妈妈都是这样，凡事替孩子想得周全、管得周全，孩子就会什么都想不到，到头来缺少自我管理的能力，也没有自己承担责任的意识。孩子力所能及的事父母少些包办，放手交给孩子，把责任还给孩子。孩子做得不好也没关系，妈妈只需给予必要的提示和指导，孩子尝试的机会多了，就能逐渐做好。

妈妈是孩子的第一个老师，不仅要教会孩子自己系鞋带、穿衣服、盛饭、洗碗，还要让孩子自觉向别人说对不起、谢谢。给孩子机会去体验"我做的决定，我就要负责"，获得动手能力，建立自信心，品尝成功的喜悦和失败的失落，能够面对错误、承担责任。

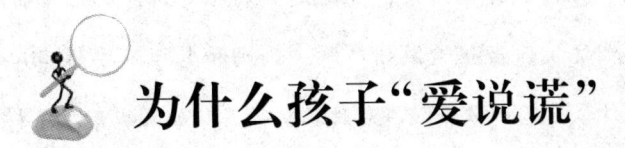

为什么孩子"爱说谎"

关于孩子说谎的问题，有很多论断。有人认为，孩子天生就是个"谎言家"；也有人推测，孩子说谎，往往也是被"逼"的。面对孩子在说谎，很多妈妈往往都会表现出愤怒，但更多的是无奈。儿童心理医生指出，家庭教育本身就是孩子的一面镜子，对于心智尚未成熟的孩子而言，父母的言行举止就是他们借鉴的"榜样"。

6岁前的孩子撒谎、编造故事是很常见的，只要妈妈一直能给他树立良好的榜样，不对孩子说谎大惊小怪，随着年龄的增长，孩子最终就会不说谎了。当然了，教孩子诚实的最好方法，就是妈妈自己先要诚实。

经典事例

妞妞今年四岁，开始上幼儿园了。头几天，性格开朗的小妞妞十分受小朋友欢迎，大家都争着和她玩，然而一个星期过去了，妞妞却遭到孩子们的排挤。老师了解后发现，原来妞妞有个爱说谎的毛病，明明吃了两个小包子，却说只吃了一个；明明把玩具弄坏了，却推说是别人摔破的。老师找妞妞的父母谈过，但妞妞妈妈却觉得"孩子说的话本来就不应该较真"。

成龙成凤"成"在家教

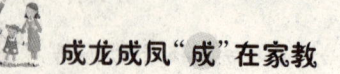

"说让你别玩水,非要玩,这次可好,看裤子湿了吧?"看到4岁多的儿子弄湿了衣服,赵女士朝孩子屁股上就是一巴掌。像赵女士这样的家长不在少数。其实,家长这样的处理方式,会让孩子觉得害怕,为了避免受惩罚就会对家长说谎。

感悟点滴

环境对孩子的成长影响很大,无论是妈妈还是老师都应给孩子营造一个温暖、轻松的心理环境。当孩子做错事时,妈妈和老师不要厉声斥责,更不要打骂,告诉孩子什么是正确做法,以后改正就行了。如果能形成这样的环境,孩子用不着担心挨打,用不着担心受训斥,做错了事情就会"实话实说"而不会编造谎言欺骗老师或家长了。

孩子的潜力你了解多少

有的孩子常常因为记不住所学的知识,考试成绩不佳而烦恼,他们或者是怀疑自己的脑子生来就比别人笨;或者认为从小学到中学记的知识太多了,自己的脑子可能比别人小些、轻些,所以记忆力不佳。诚然,记忆是大脑的功能,不能说与大脑无关,但是从生理结构上找原因,来说明记忆力的好坏,是不科学的。现代成年人脑平均重量1400克,有的人脑重量高于平均数,有的人脑重量低于平均数,但是这种轻重的差别,与记忆力的好坏并无必然的联系。有人对世界名人的脑重量做过调查,结论是杰出人物的大脑未必重,普通人的大脑未必轻。著名作家屠格涅夫的脑重量为 2012 克，法国著名作家法郎士的脑重量只有 1017 克，两人的脑重量几乎相差 1000 克，但却都是闻名于世的大作家。科学巨匠爱因斯坦的脑重量只有 1230 克，还没有达到人的平均脑重量。

经典事例

拿到获奖证书，小龙迫不及待地给妈妈打电话："妈妈，我得了全省特等奖！"

去年，小龙报名参加了全省的科技竞赛。报名之初是本着体验比赛、锻炼能力的心态，但令大家感到意外的是，小龙居然获得了大奖。妈妈虽然略感意外，但还是十分高兴。

比赛刚一结束，小龙就曾骄傲地说："这种比赛无需复习，比拼的关键在于平时的积累，因为试题涉及的范围太广了。"由此可见积累的重要性，事实上，小龙在很小的时候就已经开始积累了。

在两三岁的时候，小龙也和其他孩子一样对自己的影子着迷，无论是站立还是走路，都会紧紧地盯着自己的影子，甚至会走着走着突然停下来转上两圈，看自己影子的变化。当妈妈发现他有这个兴趣时，就有意识地在早晨、中午和傍晚等不同时段陪儿子一起看影子的变化。

"儿子，你的影子好长啊！""咦，小龙，你的影子怎么变短了呢？""你的影子跑到前面去了……"在妈妈的提示下，小龙开始提问了："妈妈，为什么影子会有长有短？""妈妈，小龙没有变，为什么影子会不断地变化呢？"

随后，妈妈会找来手电筒，又拿来各种玩具，然后开始和小龙做游戏。电筒忽远忽近，从这边过渡到那边……渐渐地，小龙开始明白，随着手电筒位置的转移，影子的长短会随之改变；影子的长短与玩具和手电筒之间的距离有关。"太

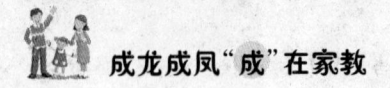

阳、月亮和路灯就像手电筒，小龙和妈妈就像玩具一样，这个道理你能明白吗？"小龙郑重其事地点点头。望着儿子那稚嫩的小脸，妈妈淡淡地笑了。

感悟点滴

在小龙的成长中，倾注着妈妈的心血。妈妈对他的求知欲和好奇心都会极大地满足：重视他的每一个提问，能回答的就给予答案；暂时无法解释的，就和他一起去查阅资料。妈妈总是鼓励小龙亲自动手去探索，遇到需要做的实验，也会想方设法地去做……总之，妈妈对于他的提问，都会做到"知无不言，言无不尽"。

一有时间，妈妈就会带小龙去参观科技馆和博物馆，人类悠久的历史和现代科技的高速发展，常常令小龙赞叹不已；因为小龙喜欢，在他不到5岁时，妈妈就为他买了电子积木。不久之后，他就能看着电路图，熟练地搭出各种电路，而且一边摆弄，一边自言自语地说道："电阻""电容""电动机"……还会一直缠着大人问东问西；因为小龙喜欢，在他上学之后，又走进了"化学世界"。他整日着迷于化学世界，一个实验往往要做上两三次，直到原材料全部用完……

有了妈妈的教育，小龙凡事都爱问个为什么，他时常思考的问题是："这个科学道理是什么？"每当小龙捧起《我们爱科学》《科学探索者》《原来如此》等科普书籍时，总会呈现出如痴如醉的表情，像是鱼儿坠入水中，自由自在地畅游。也许，年幼的小龙还不能完全读懂书中的内容，也不可能事事都弄清楚，但是，在妈妈看来，孩子这份旺盛的求知欲是难能可贵的，正因为有它的存在，孩子总有一天会弄清楚，读懂一切。

孩子的"粗话"哪里来

孩子讲的话是通过学习掌握的，那么"粗话"一定是从哪里学到的，我们应从孩子所处的环境出发，寻找"粗话"的源头。我们和孩子相处的机会最多，我们的语言习惯也很容易影响到孩子。身为妈妈，我们应该首先反省自己有没有说"粗话"的习惯，有则改之，无则加勉，要努力为孩子创造一个纯净的语言环境。

经典事例

4岁的媛媛正坐在小板凳上让妈妈帮着穿鞋子，媛媛突然说了一句："你弄疼我的脚了，坏妈妈！"妈妈先是一愣，然后马上意识到媛媛已经进入语言敏感期了。她没有生气，而是平静地说："鞋子穿好了，我们可以出去了。"看到妈妈对她的咒骂没有反应，媛媛似乎不太甘心，她继续重复道："坏妈妈！坏妈妈！"妈妈就像没有听到媛媛的话一样，牵起媛媛的手往外走。媛媛忍不住了，站到妈妈面前说："我在说坏妈妈呢！"

妈妈毫不在意，依旧平静地说："妈妈听到了，我们去超市吧。"看到妈妈一直都没有什么反应，媛媛觉得这个游戏不怎么好玩，于是就放弃了。

当孩子说"粗话"的时候，我们可以像这位妈妈一样进行冷处理。当孩子发现这些话不能引起父母的反应时，就会觉得无趣，自然就不喜欢说了。

感悟点滴

（一）找到粗话的源头

孩子的粗话从哪里来？孩子讲粗话一定是从哪里学到的，我们应从孩子所处的环境出发，寻找"粗话"的源头。我们和孩子相处的机会最多，我们的语言习惯也很容易影响到孩子。身为父母，我们应该首先反省自己有没有说"粗话"的习惯，有则改之，无则加勉，要努力为孩子创造一个纯净的语言环境。

（二）用良好的语言去回应孩子

除了像上文的妈妈那样，漠视孩子的粗话外，当孩子说"粗话"的时候，妈妈应尝试用良好的语言去回应孩子。

例如，孩子不高兴的时候可能会说"臭妈妈"，这时妈妈可以回应一句："我不是臭妈妈，是香妈妈，就像你一样香喷喷的！"这时孩子就有机会去重复新的、好的句子。

（三）悄悄话——孩子语言敏感期的特殊表现

有些孩子喜欢用无声的悄悄话感受语言魅力，配合孩子，与孩子一起想象，妈妈在沙发上看电视，4岁的儿子跑过来，凑到妈妈耳边说了一阵悄悄话。

儿子说完后，满脸期待地看着妈妈问："妈妈，您听明白了吗？"

妈妈摇摇头，迷惑地说："没有听到你说的什么。"

于是，儿子又趴在妈妈肩头继续说，妈妈还是没有听到，她回头看了儿子一眼，发现儿子只是嘴唇在动，根本就没发出任何声音来。

儿子"说"完后，又问："妈妈，这次您听明白了吗？"

妈妈心想：不能再说"没听明白"了，不然，儿子一定会继续"说"悄悄话。于是，妈妈点点头，很认真地说："嗯，这次我听明白了！"儿子听了很高兴，又跑去其他地方玩了。

随着孩子使用语言次数的增多，他会发现语言有很多种表达方式，可以平静地说，可以大喊大叫，还可以趴在耳边悄悄地说。

孩子觉得，当和人说悄悄话的时候，人和人之间的距离更近了，而关系似乎也变得更加亲密了。于是，他爱上了说悄悄话。"悄悄话"是三四岁孩子探索语言魅力的一种方式，也许他趴在我们耳边许久，却什么也没说。但当他问我们"听到了吗"时，如果我们的回答是否定的，他就会继续刚才的动作，直到得到肯定的回答为止。

孩子的这种心理家长应该理解，在他喜欢说悄悄话的敏感期，主动配合孩子，和他一起体会语言的神秘感。

(四) 倾听孩子的话

也许我们正在看电视、看书或者在工作的时候，孩子也会跑过来和我们说悄悄话。但是，我们不要因此而对孩子表现出不耐烦的态度。当他很神秘地趴在我们耳边嘀咕什么的时候，我们要及时做出倾听的表情和姿势，还可以适当地表示出一种神秘感。

当孩子询问是否听见的时候，我们可以笑着点点头表示听到了。如果没有听到，我们可以鼓励孩子大点儿声再说一次。

第二章 什么样的孩子惹人爱

在父母眼里自己的孩子永远都是可爱、美丽的，在外人眼里也是这样吗？特别是孩子进入幼儿园、小学、中学以后，惹人喜爱的孩子会有更多的朋友、更好的机会、更丰富多彩的生活，人也会更加的自信。怎样的孩子才惹人爱呢，是兴趣广泛、多才多艺的，还是开朗大方、口齿伶俐的呢？

找回人见人爱的小天使

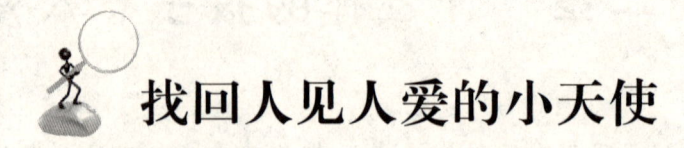

孩子在父母的宠爱下长大，随着年纪的增长，孩子慢慢懂事了，妈妈却发现他们越来越没大没小了，常常对长辈大吼大叫，怎么说也不听，有时候还会顶嘴。孩子出现这样的坏习惯，很多人觉得没什么，等孩子长大了，懂事理了自然而然就会变得有礼貌。其实不然，如果妈妈没有及时纠正孩子没大没小的坏习惯，他们就会觉得这样做是没有错的，反而会越来越没礼貌，甚至不止是对爸爸妈妈，对家里的客人、幼儿园的老师都会这样没大没小。这样时间久了，会养成孩子霸道、不讲理的个性。

经典事例

不到六岁的天天什么都好，就是对客人无礼让妈妈伤透了脑筋。家里一来客人，不论是大人还是有小朋友一同来，他都出人意料地表现出霸道、没礼貌，有时候还当着客人的面耍脾气；如果有同龄的小客人，他还会和人家抢吃的、抢玩的，很不友好。一天，妈妈多年未见的同窗好友突然登门拜访，妈妈让天天叫阿姨。天天瞥了一眼说："大肥婆。"妈妈一听，觉得很没面子，就斥责说："你怎么这样没大没小！"天天却毫不示弱地回答："她本来就很肥嘛！"

看到孩子不礼貌的行为，大人们总会摇头说："这孩子怎么这样没大没小！"孩子的父母听了，会脸红不止，甚至会当面对孩子进行斥责。

在孩子的世界里，他们有时是真的不清楚合理的行为规范以及界线在哪里——为什么不能和老师争辩？为什么不能在阿伯面前发飙？为什么有些话对着大人说就是没大没小？此类人与人互动的准则，正是初进学校的孩子们学习的重要内容。但常常在孩子学会之前，可能早就已经犯"N"次令人不悦的错误了。

感悟点滴

（一）找寻"没大没小"的根源

1. 相互的不理解

孩子到了三岁，自我意识就开始形成，有了他自己的立场就特别喜欢表现给别人看，所以当他跟妈妈有不同意见的时候，他就会跟妈妈争论起来，而且还会以命令的口气让妈妈要接受自己的想法。比如孩子边吃饭边玩小汽车，妈妈把他的玩具收走了，让他要认真吃饭，可是孩子可能会觉得"我又没有不吃饭，怎么可以没收我的玩具呢？"他觉得妈妈做得不对，就会大吵大闹说"我就是要边吃饭边玩，把小汽车还给我啦！"

2. 妈妈太霸道

孩子需要被尊重，当妈妈要求孩子做事时，如果语气太严肃，开始懂事的孩子反而会觉得反感，不喜欢被妈妈命令，就会用不礼貌的口气顶撞妈妈。其实这时候孩子可能是想引起你的注意，表达他的不高兴，用不礼貌的行为来挑战你的权威。就像4岁的明明正高高兴兴地看动画片，妈妈突然把电视关了，命令他"现在你要做作业了，还看电视！"这时候明明会觉得妈妈太霸道了，会大声地顶撞妈妈："我动画片还没看完呢，为什么一定要我写作业！"

3. 孩子无意的行为

最常见的情况是，孩子的没大没小出于无意，可能他自己也没有意识到自己的行为是没有礼貌的，会让人觉得不舒服。出现这种情况，除了是出于他自己的个性外，也有可能是他常常看到爸爸妈妈也是这样相互大喊大叫，长期耳濡目染而形成的坏习惯。如果爸爸妈妈经常在孩子面前吵架斗嘴，一开始他可能会觉得疑惑，但是爸爸妈妈几乎每天都这么做，那么慢慢的他就会以为这是正常的说话方式，自己也会学着妈妈的口气说话了。

(二) 如何让人见人爱的小天使回来

1. 教给孩子正确的表达方式

当孩子不礼貌地顶撞，对妈妈大喊大叫的时候，妈妈应该先保持冷静，耐心地告诉他应该如何礼貌地表达自己的观点。比如妈妈可以让孩子坐在身边，然后用缓和一点的语气告诉他："宝宝如果有跟妈妈不一样的想法可以说出来，不能这样大喊大叫，这样可是不讲礼貌的行为呀！"这样冷静的处理方法可以有效地减少亲子间的情绪冲突。

2. 让孩子冷静冷静

为了引起妈妈的注意，孩子会想出很多办法，没大没小也是其中之一，它被孩子用来表达自己的不满，妈妈可先不要跟他"吵架"，可以先让他一个人独处一下，等他情绪冷静下来，再用讲故事的方式让他知道自己这样做是错误的。比如妈妈可以跟孩子说："宝宝想一想，如果其他小朋友像宝宝一样，对着宝宝大吼大叫，宝宝会不会觉得很难受，就不跟他玩了呢？"从小就教导孩子换位思考，不仅可以让他改正没大没小的坏习惯，还能让他在小朋友中更加受欢迎。

3. 做孩子的好榜样

孩子的模仿能力很强，妈妈是孩子学习的榜样，如果看到爸爸妈妈经常相互大喊大叫，慢慢的他也会模仿这种行为，所以在孩子面前，妈妈要做好榜样，比如遇到长辈或朋友都要问好、经常对人说"谢谢、对不起"、不在孩子面前大喊大叫等等，孩子有了良好的学习模范，还怕他学坏吗？

为了孩子的成长，妈妈要以身作则，当然除了自己要做到礼貌待人之外，也要常常教导孩子，跟他说"小孩子要有礼貌、守规矩，要尊重别人，不能对长辈大喊大叫，这样大家才会喜欢你呀！"慢慢地用自己的言行对孩子耳濡目染，相信孩子一定能改正没大没小的坏习惯，变回我们人见人爱的小天使。

炫耀财富不能变成财富

社会的发展使孩子在很小的年纪就开始产生金钱观。研究证明：孩子拥有炫富心理不利于成长，因为错误的价值观将给孩子成长带来很多阻力。毕竟盲目的攀比也会给妈妈带来困扰。

经典事例

前几天，娜娜的好朋友小美在商场买了一条漂亮的裙子，据说要一千多元钱呢！小美把裙子穿到学校，在同学们面前展示，这可把娜娜给气坏了，她决心要买一件比小美那条裙子还好的。

放学回家，娜娜跟妈妈说道："小美今天买了一条裙子，很好看，我也想要！"妈妈听说娜娜要买裙子，以为就是普通的衣服，几百元钱就可以买到，也就没有放在心上，随口答道："好的，这个周末我们去买！"

好不容易周末到了，娜娜拉着妈妈来到中央商场的裙子柜台，看到了小美的那条裙子，试穿了一下，就跟妈妈说："我不喜欢这个了，我喜欢这件！"说着就把边上的一条更贵的裙子拿起来，要试穿。妈妈一开始没在意标价牌，这会突然想起来，赶紧拉住娜娜，拿起标价牌一看，要两千多，心里舍不得，这要自己半个月的工资呢！也不是实在花不起这个钱，就是觉得花这么多钱给孩子买衣服，对孩子不好。于是妈妈就跟娜娜说："娜娜，这件衣服实在太贵了，我看我们还是到别处再看看吧！"

"我不，我就要买这件！你说过要给我买的！我一定要买得比小美的好！"娜娜不同意妈妈的话，坚决地说道。

妈妈很犹豫，如果不买肯定会伤女儿的心，所以狠下心来说道："好，别人穿啥，妈妈就给你买啥，这件衣服我们买了！"

"嗯，妈妈真好！"娜娜的脸色由阴转晴，便在妈妈脸上热情地吻了一下，开心地说道。

第二天，娜娜穿着比小美还贵的裙子出现在班级时，引来了更多同学的夸奖，娜娜听着同学的赞扬，心里美滋滋的。

感悟点滴

对金钱的追求是最容易使人堕落的。所谓盲目攀比和炫耀就是在认识不清的情况下，不顾实际情况与别人进行比较，向别人进行夸耀，这一点在众多的中学生身上体现得更为明显，同学之间比着看谁的衣服牌子更硬，谁的鞋子更贵，不是牌子的不穿，不是当红明星做代言人的品牌衣服不穿，还有比较所用的书包、文具盒、钢笔，甚至小到橡皮也要比较谁的更贵更高级，比较生日派对谁的场面更隆重盛大，谁送的礼物更"拿得出手"，盲目比较谁家的汽车更贵更高级，"你看，你爸爸才开夏利，真丢人，我爸爸开宝马，撞坏了，你们家又赔不起，下次看到我们家的车,你家的夏利就赶紧让路,知道吗?"

孩子的价值观尚未成熟,盲目攀比和炫耀,会使孩子变成一个个的势利眼,使得孩子慢慢形成一切向钱看的错误价值取向。这种心理是不利于孩子健康成长的。真正的富有往往不是靠炫耀,也不是靠继承祖辈的遗产变得富有的,而是靠个人的辛勤劳动创造出来的,如果孩子过早地沉迷于"炫耀金钱"中,产生"我的父母很有钱""父母的钱就是我的钱"的思想的话,那么,孩子就会变得心浮气躁,难以静下心来锤炼自己的创富本领,注定会成为一个失败者。所以,父母不管多有钱,社会地位多特殊,要让孩子学会保持一颗平常心,靠自己的双手去创造生活。

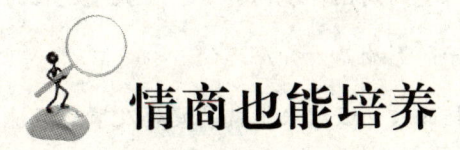

情商也能培养

情商就是我们常说的 EQ,主要是指人在情绪、情感、意志等方面的品质。现代社会,对孩子情商教育的重要性已经得到了家长和社会的接受、认可,据心理学专家研究显示,情商的高低对孩子将来能否取得成功有着重大的影响作用。

经典事例

经典事例

放学时间的地铁上,一个妈妈正在训斥儿子,这个时间正是地铁的高峰,车厢内人很多。母亲声音很大,大家都听得见,大意不外是"我这么辛苦赚钱,你不好好读书，花了这么多钱补习，怎么考试还是这个烂分数！"大概分数实在太烂了，母亲动了气，就骂孩子："你实在笨得跟猪一样。"想不到原来低头挨骂闷不吭声的孩子突然爆出一句："如果我是猪，那你就是猪妈！"大家哄堂大笑，孩子一看闯了祸，一溜烟逃到别的车厢去了，留下母亲愣在那里。

感悟点滴

（一）情商可以遗传吗

人的智商和遗传有关，但情商却不是与生俱来的，而是经过后天的有意培养和教育来逐步发展的。一个孩子的成长包括生理和心理两方面的因素，这一过程起自于母体内，同时也受到周围环境的影响。在孩子成长的过程中，妈妈作为指引者和扶持者，对孩子的影响是十分深远的。

孩子最早和最直接的信息吸收来源就是妈妈及家庭环境。在养育孩子的过程中，妈妈与其朝夕相处，对孩子十分了解，知道如何引发孩子的兴趣，如何鼓励他，并理解孩子的感受和行为。妈妈可以从最佳的角度给孩子建立一个和谐、良好的教育环境，这是任何老师和教育机构都替代不了的。

3~12岁是孩子情商培养的关键期，也是影响孩子一生的关键时期。心理学家在跟踪调查后发现，凡是关键期受过正规情商培养的孩子，在学习成绩、人际关系及未来的工作表现和婚姻情况等，均优于未受过专门培养的孩子。情商教育不仅能促进孩子学习成绩的提高，更重要的是有助于形成乐观自信的性格特征。一个乐观自信的孩子是不怕失败的，是活跃并有创造力的，是具有获取成功和幸福的能力的。

（二）什么样的孩子情商低

孩子的情商受家庭教育、生长环境的影响，高低大有不同。高情商的孩子在各方面都具有较明显的优势，他们有更好的人际关系，能更少地受到负面情绪的破坏，较容易适应环境，把握机遇。但是，也有那么一部分孩子，他们在情商方面能力偏低，你注意到这些表现了吗？

表现一：倔强。有些孩子较为倔强，对他人的意见往往听不进去，不会轻易采纳别人的建议。就算别人说的是对的，自己是错的，也要坚持到底，不能根据事实和利益进行判断，容易因小失大。

表现二：爱抱怨。这一情绪表面看起来似乎是人之常情，但是事事抱怨、经常抱怨，就需要从自身来反省了。怨天尤人毫无益处，是一种消极心态的象征，是弱者不明智的选择。妈妈平时也要注意，不要在孩子面前抱怨他人他事。

(三) 情商是能培养的

智商和情商对人都同样重要。很多妈妈认为孩子只要智商高就是最棒的，其实，情商才是决定孩子成功与否的关键性因素。所以，妈妈要注意自己的教育方式，打造一个高情商的宝宝。

(四) 培养孩子的自我控制能力

自我控制能力是一种内在的心理功能，能让人自觉地调控自己的言行，帮助自己纠正不良行为习惯。

(五) 辨认自己的情绪

帮助孩子辨认自己的情绪状态，可以帮助孩子调整好不良情绪，还可以学会换位思考的能力，深刻地体会到他人的感受。

(六) 培养孩子的人际交往能力

家长要为孩子创造更多的交往机会，鼓励孩子走出家门，或是邀请孩子的伙伴来家里做客，以扩大孩子的社交圈子。在孩子和他人相处的过程中，要引导和指引孩子学习掌握各种交往技能。

(七) 自信心的树立

自信的孩子，在面对困难和挫折时才能沉稳应对，用良好的抗挫折能力度过

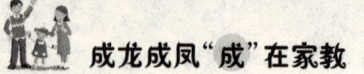

困境。自信心的培育是一个长期的过程,而妈妈在幼儿期对孩子的教育和影响对孩子自信心的培育尤为重要。

(八)有能力应对负面情绪

每个人都会遇到不顺心的事,都会产生负面情绪,当孩子面临这种情绪的时候,妈妈可以引导孩子以正确的方式宣泄出来,鼓励孩子培养健康的兴趣和爱好,帮助他们舒缓压力。

妈妈可以用自己的行为教育孩子,因为,妈妈是孩子最好的模仿对象。妈妈的态度、习惯、言行都会慢慢渗透到孩子的生活中、性格中、情商中,因此,妈妈千万不要将负面的影响带给孩子,要在孩子面前保持积极、乐观,将最好的精神传递给孩子,给孩子的高情商加油助力!

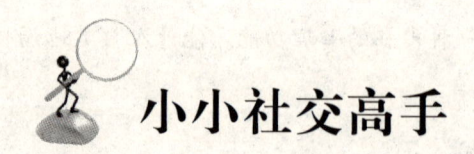

小小社交高手

孩子也需要学习社交能力。所谓社交能力,指的是孩子和他人结交和相处的能力。孩子的社交能力,不但对他的智力发育影响极大,而且将深深影响到孩子成年后的社交生活乃至职业成长。

孩子社交能力的高低,很大程度取决于孩子和妈妈的关系,因为宝宝最初是从他和妈妈的亲密关系出发来认识我们这个世界的。

经典事例

朋友老王要来拜访，马先生叫出自己的儿子马明，教会他如何招待客人。老王刚进门，马明就热情地对他说："欢迎您，王叔叔。"然后领着老王入座，并给他端来了茶水。在父亲与老王谈话时，马明安静地坐在一旁，既不大声嚷嚷，也不随意打断大人的谈话。吃饭时马明礼貌地邀请王叔叔入席，席间还为客人添食物。老王要离开时，马明诚恳地说："您给我们全家人带来了快乐，欢迎您下次再来。"老王摸着马明的小脑袋，笑着对马先生说："这个孩子真有礼貌，光看孩子就知道父母一定是有教养、讲文明的人。"

马明的行为是父母教育的结果，是父母的言传身教让他明白了应该如何接待客人，如何在客人面前做一个懂礼貌的好孩子。

感悟点滴

孩子的性格各不相同。有的孩子大方开朗，特别喜欢和小朋友交往，也会主动和其他孩子交际。可有的孩子却生性孤僻，胆小，不愿与小朋友交往，一到陌生环境就会胆怯。很多妈妈以为这是小问题，年龄大了自然就好了。其实，这可能是一种心理问题，被称为"儿童社交退缩性行为"。

家长无需惊慌，大多数孩子在陌生的环境或意外情况下，都会表现出短暂的退缩。但通常会随着时间和环境的变迁逐渐适应，并会在做游戏等活动中主动发展自己适应环境的能力。但如果这种行为没有得到及时纠正，就容易发展成社交敏感症，甚至社交恐惧症。那么妈妈应该如何让孩子远离社交恐惧症呢？

（一）1~2岁：增加孩子的社交机会

父母可以多带孩子到亲朋好友家拜访，参加各种集体活动，多与小朋友交往、玩耍，增加交往机会。同时鼓励他在集体活动或游戏中大胆表现自己。通常，1岁左右的孩子已有了社交的意愿，比如，他们在路上看到其他小朋友，会用手指指他，还会把食物送到别的孩子嘴巴里去。育儿专家指出，当孩子想要争夺别人的玩具时，其实也是他社交的开始，这表明孩子玩的时候开始注意别人，注意同伴的玩具了。这时，妈妈不要一味阻拦，更多给他们创造机会，可以示意孩子向别的小朋表示友好。妈妈要多鼓励孩子同小朋友互相交换玩具。这样的交换，会让孩子体会到放弃一样东西并不是什么大不了的事情，同小伙伴分享并没有什么损失；妈妈还可以通过与小伙伴交换玩具教孩子怎样用语言索要一件他想要的东西。在孩子学会说"我要这个"之前，他可能只会用手指着一样东西表示他的需要。如果别的孩子不把玩具给他，妈妈可以逗逗孩子："别人不同意呢，怎么办？"让孩子学会怎样索取和让步。

（二）2～3岁：游戏和童话的启发

可以在游戏中增加孩子的社交能力，比如拿孩子平时喜爱的布偶玩角色游戏，通过角色扮演让孩子体验一些生活情景，增加孩子的社交经验。并多跟孩子讲一些小动物或小朋友之间如何交朋友的故事。如果孩子和小伙伴发生争执，只要事态不很严重，可以在一旁静静观察。并用平时经常讲述的故事启发他：比如故事里的小白兔和小松鼠发生争吵后，是怎么化解矛盾的等等。3岁左右的孩子已听得懂故事，有趣的故事，比简单生硬地讲道理能更好地开启孩子的心扉。同时，这也是培养孩子情商的好机会，可以帮助孩子分辨和识别他人的表情，为他日后学会观察人，同小朋友打交道奠定基础。实际上，在孩子和别的孩子一起做游戏，相互配合的过程中，他会认识到并不是所有人的想法都与他完全一样，每一个伙伴都有独特的性格。你会发现他更加倾向于与一些孩子玩耍，并开始和他们发展友谊。在建立友谊的过程中，他会发现自己也有一些让人喜欢的特征——这种发现对他的自尊心的培养有强烈的支持作用。

（三）4~5岁：提高孩子的表达能力

这时孩子社交能力的高低就显现出来了。口齿伶俐的孩子朋友会更多。平时多让孩子复述故事或表达自己的想法。当然，3岁以下的孩子，社交还需要妈妈的帮助，可以邀请一个与孩子同龄的小伙伴来玩，他们玩的时候，自己也参与。孩子和其他小伙伴玩耍时，要帮助孩子用合适的词语描述自己的情感和渴望，避免他感到挫折。当他和小伙伴打架时，要与他谈心，弄明白他为什么这样恼火。也要让孩子知道妈妈理解并接受他的感受，但让他明白打架不是表达感受的好办法。然后，建议他以和平的方式解决问题。最后，在他理解自己做错了什么以后——而不是以前，让他向小伙伴道歉。不要以为孩子小就不用学社交，社交能力的不同会带给孩子不同的成长、学习环境，对孩子其他方面的发展都有影响。

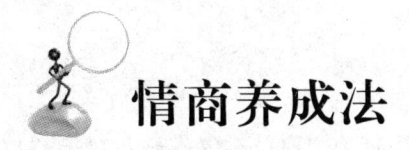

情商养成法

情商不能遗传，但父母的情商却能影响孩子。美国心理协会终生成就奖获得者丹尼尔·戈尔曼在其所著的《EQ》一书中清楚地指出："家庭是培养EQ的第一所学校，有高EQ的父母，才有高EQ的小孩。"

经典事例

悦悦7岁那年，有一次家里来了客人，可悦悦在接待客人时没有用礼貌用语。妈妈发现后，并没有当场在外人面前指责孩子，因为妈妈知道，当场批评和指责通常会造成孩子逆反和不服的心理，而且这种做法本身也是不礼貌的。在客人离去后，妈妈把悦悦叫到身边，温柔地对她说："悦悦，叔叔今天送你的礼物喜不喜欢啊？"悦悦马上回答道："喜欢。"妈妈接着说："那你对叔叔讲话时，没有使用礼貌用语，这是不对的。你应该说'谢谢叔叔'，你说是不是？"悦悦恍然大悟地说："哦，对不起，妈妈，我忘记了，以后会注意的。下次见了叔叔再跟他说'谢谢'行吗？"妈妈听了之后笑了。

同样的事情发生在另一个家庭。一位妈妈也发现，她4岁的儿子在接受他人礼物时没有使用礼貌用语的习惯。有一次，儿子在接受一位客人的礼物时，妈妈就微笑地对儿子说："俊俊，你是不是忘记说什么了？"4岁的俊俊还是没有意识到自己应该说什么。这时，妈妈对客人说："谢谢您送礼物给俊俊，我代俊俊谢谢您！"俊俊听了妈妈的话，这才意识到自己没有表达谢意，于是奶声奶气地说："俊俊也谢谢阿姨！"

感悟点滴

妈妈虽然没有遗传给孩子"EQ"，但妈妈是孩子"EQ"基因的培养者。EQ指的是一个人的情绪智力。简单来说，EQ是一个人自我情绪管理以及管理他人情绪的能力指数。它不同于IQ受父母遗传基因的影响，EQ的高低主要还是靠后天的培养。丹尼尔·戈尔曼发现每个人对情绪的认知和处理情感的能力大部分是从父母那里学来的。如果妈妈生气时会乱摔东西，那宝宝看样学样，也会用极端的方式发泄不满；如果妈妈独立孤僻，不愿与人合作，那宝宝将来很有可能也会"与世隔绝"。

父母自身的情绪控制是宝宝EQ雏形最直接的影响因素。而朝夕相处的行为引导，又是孩子奠定自身EQ最主要的指征。

有专家通过研究发现，EQ 最早在 0 岁时就开始出现，进而在整个童年期逐渐形成，然后建立起我们已有的情商观念。孩子脑部的发展在 0~5 岁时是一生最快速的，特别在情感能力的学习方面。四步慢养法帮助妈妈植入宝宝 EQ 的"种子"：

（一）0~1 岁的孩子

这个阶段的培养以建立信任感和安全感为目标，父母应经常与宝宝一起做各种游戏，教宝宝说简单的话，尽量满足宝宝急于探索世界的要求。此时，父母除了在生活上悉心照料宝宝之外，更需要在心理上、精神上安抚和关爱宝宝，让他在懵懂中建立起对这个世界最初的信任感和安全感，为建立平衡的个性打下良好的基础。

（二）2~3 岁的孩子

这个阶段，以强化并固定好情绪为目标。2 岁开始出现人生的"第一个反抗期"。开始分辨"你的东西"和"我的东西"，并拒绝和别人分享自己的东西。容易兴奋，易怒。他开始会细分情绪，如开心时会大笑，而看见了妈妈会微笑。在此阶段里，父母应帮助宝宝强化和固定好情绪，疏导不良情绪。

（三）3~4 岁的孩子

这时的 EQ 培养，侧重于提供感受丰富情感的机会。3 岁已经学会用哭以外的方式来表达他的要求，他会采用行动和语言来表达他内心的感受和兴趣爱好。例如，宝宝尖声大叫，说明他很不高兴；而有打人举动，则是心情已经很恶劣了。看见爸爸妈妈吵架，他们会在一旁哭；见母亲情绪不好，也会安慰妈妈说"妈妈，笑笑"。此时，父母最重要的是要为孩子提供感受各种情感的机会，还要善于把孩子丰富且敏锐的情感引向好的方向，在潜移默化中促进其健康发展。

（四）4~5 岁的孩子

这个阶段的孩子已经有了一定的社会性发展：亲子关系、师生关系以及同伴之间的关系，EQ培养的重点是建立快乐的人际互动。如果父母对孩子不够关爱，会造成孩子的情感饥饿；如果孩子害怕老师，可能会对以后的上学产生情绪障碍；如果处理不好与别的小朋友之间的关系，那么孩子可能养成孤僻的性格。所以，父母不但要注意与孩子间的亲子感情，同时也要关心孩子在幼儿园或在同伴面前的表现。

第三章　好妈妈，坏妈妈

　　有的妈妈一切从孩子出发，委屈自己、成全孩子；有的妈妈对孩子爱答不理，不帮孩子收拾玩具，不给孩子太多的零用钱。孩子说，什么都满足自己的是好妈妈，不宠着自己的是坏妈妈；专家说，懂得引导孩子的是好妈妈，溺爱孩子的是坏妈妈。到底孰是孰非，谁是好妈妈，谁是坏妈妈？

爱有几分

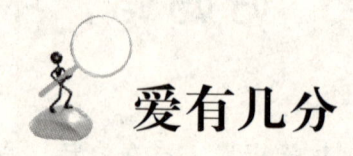

因为疼爱孩子，妈妈往往事事包办，以为这样子就是对孩子好，殊不知会养成孩子懒惰的性格，会害了孩子的一生。有时候，不为孩子包办，做事只做一半，留一半，反而会引导孩子学会各种生活技能和品格。所以，妈妈要好好学习一下。

在如今的独生子女家庭中，一般是几个大人围着一个孩子转，孩子就是家庭的中心，衣食住行全由父母或长辈代办。有的妈妈性子急，嫌孩子动作太慢，浪费时间，不如自己包办；有的妈妈还认为孩子小，磨蹭是暂时的，现在我先包办了，等他长大了再说不迟。其实，这些教育方法都是害了孩子，真正好的教育是，父母不包办，做事只做一半。

经典事例

孩子在外面玩了一下午，满脚泥泞地回到家。妈妈在为孩子换鞋袜时，只给孩子穿上一只鞋、一只袜子后就走开了。

这是妈妈独创的家庭劳动教育法。就是不管做什么事情，只为孩子做一半，另一半则由孩子独立完成。譬如，孩子的鞋脏了，就手把手教孩子擦亮一只鞋，另一只鞋交给他自己动手擦干净；孩子洗手时，只给他洗一只手，另一只手他自己去洗，因为这样可以迫使孩子为了两只鞋一样亮，两只手一样干净，而自己动手将另一只鞋也擦亮，另一只手也洗干净。总之，为孩子做事情就只做一半，剩下的留给孩子自己动手做。

感悟点滴

妈妈的家庭劳动教养法与"授人以鱼，不若授人以渔"有同工异曲之妙。

舒适的环境、享受的生活、被人照顾、不用不动脑筋、不费力气的幸福日子谁都喜欢。孩子也一样。所以，妈妈长期这样包办代替的结果就是妈妈每天忙得不可开交、疲惫不堪，而孩子心安理得地等着被照顾，等着妈妈来帮忙，体会不到家长的辛苦，自己的行为能力也没有得到提高，责任感也没有培养起来，等到自己必须做事情的时候，不知道着急。

随着孩子渐渐长大了，会把这样的行为习惯融入自己生活的方方面面。现在总是有很多妈妈在说孩子磨磨蹭蹭让人着急，又有谁想过孩子磨磨蹭蹭的行为习惯有多少是妈妈自己亲自培养的呢？

因此，妈妈在教育中应使用的正确方法是，学会适时放手，不要事事为孩子做，可以只做一半，顺便引导孩子怎样做。

（一）逐渐放手，逐步过渡

但凡孩子有能力完成的事情，就要让他尝试自己做，即使做不好，也要给予表扬，从而增强孩子的自信心。可以先指定一两件事情，限制时间让孩子完成。比如：起床穿衣服，先规定要自己穿，开始因为还不熟练，妈妈可以适当帮助，限定的时间也可以长一些，经过一段时间的训练后，妈妈逐步不再帮助，再缩短穿衣服的时间，最后达到自己又快又好地起床穿衣。

妈妈一定要纠正"孩子小，以后再培养也来得及"的错误观念。每个年龄段，都有他们自己力所能及的事情，妈妈可以根据孩子的年龄特点，制定什么事情是孩子自己要做的。这样安排好，孩子习惯了自己的事情自己做，到时候不用妈妈催促，自然就会去做了，动作就快了。

妈妈放手让孩子做事情要逐步进行，不是一下子什么都不管了，走向另一个极端。妈妈一下子什么都不管，会让孩子不知所措，觉得事事都难做，事事都不成功，心里憋气窝火，觉得自己很笨，挫败感油然而生，对做事情产生极大的抵触心理，最后可能会自暴自弃，什么都不做了。

对孩子来说，自己的事情自己做，是让他学会做事情，学会加快自己的速度，知道自己承担自己的责任，达到这个目的就好了，千万不要教条，让孩子觉得妈妈刻板而冷酷。

凡事都有例外，比如要迟到了，还让不让孩子自己穿衣服呢？要灵活掌握，千万不要死教条，弄得孩子害怕迟到哭哭啼啼。明天早起一点，可以继续训练。当然，若孩子成心捣乱，那就另当别论了。

（二）对比法激起孩子的热情

对比法的应用有技巧，我们所说的合理对比，就是巧妙地和别人对比或与自己前面的成绩对比，找进步，找希望。值得妈妈注意的是，我们这里的对比，是比进步，不是给孩子树立模范榜样让孩子去学习。比如，让孩子比较："自己迅速做完事情的感觉，与妈妈替你做事情后唠唠叨叨，哪个心里舒服？""昨天穿袜子，你自己穿一只，妈妈给你穿一只，你比妈妈慢，今天怎么比妈妈快了？""今天如果有人问你，衣服谁给穿的？你可以理直气壮地告诉他：我自己！""你自己有没有觉得自己越来越棒了？""前两天你还拒绝妈妈的要求，说什么也不自己洗脸，今天自己都会像妈妈一样用洗面奶了，妈妈觉得你在进步，是不是？"同时可以鼓励孩子，提高要求："今天我们要比昨天快一些好不好？"你会发现，孩子的积极性被调动了起来，做事情越来越有热情了。

妈妈和老师要多沟通，希望在改变孩子磨磨蹭蹭的习惯问题上能得到老师的帮助，让老师减少一些批评，并给予更多一些的鼓励。这样家校配合，对改变孩子，养成自己做事情的好习惯大有益处。

（三）妈妈偶尔也要"耍赖"

孩子最好用的招数就是"耍赖"，为了达到自己的目的，孩子经常这样做，而且屡屡得逞，于是在以后更会运用得淋漓尽致。其实妈妈不妨学习孩子，适时运用一下"耍赖法"，以其人之道还治其人之身，会收到奇效。

比如：孩子要穿鞋到外面去玩，这时孩子是恨不得马上飞到外面去，会急着催大人快点给他穿鞋、系鞋带，这时不妨磨蹭一下，然后再告诉他，大人系一只鞋带，另一只自己完成，两个人做事情会比一个人快的。孩子可能会着急、跺脚，不要理会，一定要等到他自己着急地动起手来。

只要孩子不动手，妈妈也不能动手，只催促他，让他帮忙，然后说："看来你不着急，我也就不用着急了！"于是故意放慢速度，或者成心把鞋带系坏，目的是让孩子着急，自己也动手帮忙。这是"软"的耍赖方法。

还有"硬"的耍赖方法，开始要帮助孩子系鞋带的时候，就告诉孩子，一人一只，这样分工快。妈妈做完就不管了，就是耍赖告诉他不能帮他了。在看来帮助无望的情况下，他也会自己完成的，而且，速度也不一定慢，因为外面精彩的世界在吸引着他。

妈妈耍赖法要运用得当，不能太随意，不能太多，否则引起孩子的太大反感，就会失去效力。既然妈妈运用了"耍赖"的办法，就必须坚持到底，不能被孩子的软磨硬泡或发脾气给难住，为了孩子的明天，妈妈不能心软，否则前面的努力会前功尽弃。

"好"妈妈，"坏"妈妈

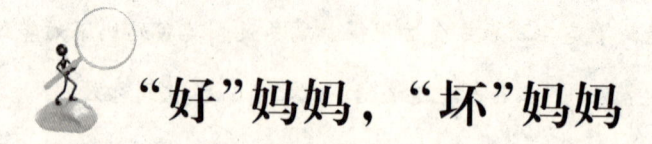

妈妈们都有这样的经验，一直努力想把宝宝培养成又乖又听话又懂事的小朋友，可是往往妈妈做的一些事情，无形中会让宝宝离好孩子越来越远。这就是妈妈好心办了"坏事"了。

经典事例

雯雯正在专心致志地画画，红的黄的蓝的，太阳月亮，雯雯非常享受自己的绘画作品。这时，妈妈忽然兴致冲冲地跑过来，拿出一瓶水，递给雯雯："宝贝，歇一会儿，玩了这么久渴了吧？快喝口水！"雯雯抬头瞅了一眼，撅着嘴非常生气地推开妈妈的手，继续埋头苦干，妈妈不解，估计也生气了，心想：这孩子，喝水都不喝，真倔！妈妈本是一番"好心"，怕孩子渴，却办了一件坏事！

一大盘樱桃，雯雯一个人端着吃得津津有味，这时，妈妈问："宝贝，樱桃好吃么？给妈妈吃一个好不好啊？"雯雯非常大方地拿出一个鲜红的樱桃递给妈妈。妈妈露出满意的微笑："啊，宝贝真懂事呀！谢谢，妈妈不吃！"于是雯雯把这个樱桃扔进自己嘴里，继续独自享用美味。妈妈本是一番"好心"，想让孩子学会分享，但是却办了一件坏事！

妈妈带着漂亮的雯雯坐电梯，雯雯在唱歌，一位奶奶笑问："唱得真好听，你叫什么名字？"雯雯有点害羞，没作声。奶奶接着问："几岁了？"雯雯还是萎缩着不语。妈妈怕失礼，赶忙笑着回答："叫雯雯，今年4岁了。"奶奶点点头："哦，好厉害啊，嗓子真好！呵呵。"妈妈本是一番"好心"，在陌生人面前礼貌回答，但是却办了一件坏事！

动物园里，雯雯跑着跑着摔倒了，自己站起来拍拍手，妈妈紧张地凑上前，小心地捧起孩子的手，问："哎哟，摔疼了没有啊？啊，红了！好疼啊！宝贝，妈妈给你吹一吹，呼呼！"雯雯本来没事，妈妈这么大惊小怪，雯雯也会跟着嚷嚷疼。妈妈本是一番"好心"，唯恐孩子受到伤害，但是却办了一件坏事！

雯雯最喜欢吃虾，每次妈妈都会剥掉虾壳，把虾肉喂给雯雯吃。雯雯把虾肉给妈妈，妈妈说："你爱吃就都留给你吃。"雯雯心安理得地继续享受妈妈的服务和谦让。直到有一次，妈妈很随意地剥完壳后，把虾仁塞进自己的嘴里，谁知道雯雯突然咆哮道："是给我吃的"，大哭大闹逼着妈妈吐出来。妈妈本是一番"好心"，舍不得吃，都留给孩子，但是却办了一件坏事！

雯雯见妈妈在扫地，抢过扫把要帮忙，妈妈一看跟大闹天宫似的，就制止道："你就别越帮越忙了，一边呆着去！"直到有一天妈妈喊："就知道玩，真不懂事，快来帮我一下啊！"雯雯头也不抬："我不是越帮越忙嘛？"妈妈本是一番"好心"，减少麻烦，但是却办了一件坏事！

感悟点滴

（一）妈妈常抱怨孩子做事不够专注，只有三分钟热度，特别容易开小差，可当孩子沉浸于他的兴趣时，就是在培养自己的专注力呢，如果妈妈一会儿说"来喝口水"一会儿说"来吃个苹果"，这就是严重干扰。能不能先等孩子专心地把手里的事情做完，再去"伺候"小皇帝？

（二）孩子大方分享，妈妈要主动接受。既然你问孩子要吃的，就张开嘴大口吃掉孩子分享给你的东西，否则孩子会觉得大人很奇怪，一会儿要吃一会儿又不吃，莫名其妙。而且几次之后，小人精很快就明白你是在给他下套，久而久之会变成真的不懂得分享。

（三）孩子不自信让妈妈很苦恼。孩子胆量不够大，不敢跟别人说话，帮着"抢答"，其实这样做是剥夺了孩子发言的权利和成长的机会。你越是帮忙，孩子以后越胆小越不会主动表达自己。所以，不妨善意地提醒孩子：奶奶在问你话哦，自己告诉奶奶好吗？妈妈别轻易做孩子的"代言人"！

（四）摔一跤本没有大事，孩子自己都忽略的伤痛，在妈妈的一个导向之下就被放大了。有些父母面对这样的情况则会漠视，说："没什么大不了的。"这种做法给孩子的导向是积极的，摔跤不是什么大事，一笑而过。伤在儿身，痛在娘心，这是人之常情，不过，就让这种"疼"留在娘心里吧，孩子更需要坚强和乐观。

（五）父母不能和孩子争抢，只要孩子喜欢的，自己就假装不要，殊不知这样一切以孩子为中心，只会造成唯我独尊、自私霸道的性格，将来恐怕很难与人相处、很难融入集体和社会，而且一旦遇到愿望不能满足的情况，就会心理不平衡。

（六）孩子很容易产生思维的惯性，在孩子做不好的时候，如果家长自己承担，不给孩子学习和展示的机会，那么在孩子有能力做好的时候，他也不会去做了，这种惯性一旦养成再想改掉就难了。

"棍棒"教不出超能力

什么样的孩子才幸福呢？这个简单的问题，恰恰触痛了当今教育的神经。因为，本来应该给孩子幸福的父母，有的变"狼"，有的变"虎"，还有的变成了——"怪兽"。"怪兽父母"，这个称呼最早起源于日本，用以指称那些经常提出对自己孩子"有利"但罔顾他人的要求、动辄向学校投诉、干涉学校教育的家长。

经典事例

不久前，网上一段"4岁孩子在-13℃暴雪中裸跑"的视频，引起了媒体和大众的关注，孩子的父亲被网友称为"鹰爸"。

"鹰爸"本名何烈胜，是一名企业家。由于儿子多多是个早产儿，出生时严重天生不足，并伴有左脑室出血、脑蛋白密度低下、血管瘤等多项并发症。为了让羸弱的孩子能够健康成长，何烈胜为多多制定了一系列有针对性的训练计划，包括智能、体能、情商、胆商等各个方面，体能方面的功课尤为"严苛"。比如每天3公里快走慢跑，爬绳荡桥，练习滑轮车、踏板车，这中间还穿插着各种特长训练，如武术、冬泳、跆拳道等。"经过强化训练，多多身体指标达到同龄孩子水平，智商超过200。""鹰爸"得意地说。据他所说，为了这次雪地裸跑，事先做了三个月的准备，再加上从小的体能积累，完全有一个循序的过程，不是贸然为之。

这种教育方式正确吗？多多的爷爷直言不讳："我有反感。"春节期间，老人看到这段视频，当时就掉泪了。"孩子这么小，为何要折磨孩子？"对于多多的未来，"鹰式教育"的最终成效，老人看着远处奔跑的孙子，既心疼又欢喜，"毕竟他才这么点大，现在能看出什么呢？现在说他是'超能儿童'这种满口话，太早啦！"

网络上"豺狼虎豹"父母层出不穷，继"虎妈""狼爸""鹰爸"之后，以平等温和对待孩子而得名的"羊爸"也时有出现。

不久前，广州女孩王立衡获得了全球最顶尖的名校剑桥大学的录取通知。2009年，这个女孩为逃避学数理化而远赴英国继续她的高中学业。她说，除了适合自己的英国高考制度，父母对她的教育方式也是她在学业上取得突破的重要原因。"从小到大，爸妈从来不监督我做作业，也从没有打骂过我。他们偶尔也会跟我说别人家的孩子考上了北大、清华来刺激我，除此之外，不会再给我施加任何压力。学习方面的决定，都由我自己做主，他们无条件地支持。"

王立衡的父亲王晓华反对"虎妈""狼爸"的教育方式，他认为这种不人道的教育方式终会害了孩子，他对王立衡采取的是"羊爸"式的教育。他举了个例子，阐释了自己的家庭教育理念："立衡喜欢摄影，刚转学去英国的时候她发现学校开了摄影课，就想选。我不赞同，但孩子执意要选这门课，我没有再反对，尊重了她的意见。"一年后，女儿决定不再续选摄影课，因为这门课实在太耗精力了，直接影响了她的学业。"事后，立衡向我承认，她当初的选课决定是错误的，但她认为哪怕是错误的决定，也应该由自己亲自作出，久而久之，她的决策能力会越来越好。我认为，家长的权威不是靠强制性的命令来树立的，要尊重孩子自己的选择，允许她犯错。孩子一意孤行碰壁后自然会觉得家长作为长者，生活经验更丰富，慢慢地，她就会发自内心地尊重家长。"

感悟点滴

如今的父母追捧网络上的"育儿名人"。"虎妈"成新闻热点的时候，妈妈们效仿逼着孩子去学钢琴、舞蹈；当"狼爸"占据媒体版面的时候，妈妈们从床头柜里翻出棍棒，开始信奉"不打不成器"的观念；现在，看到"鹰爸"在电视上侃侃而谈，又觉得也有道理，于是扒光孩子的衣服，让他站在门口让冷风吹一吹……

各种"育儿名人"不断涌现，许多教育专家认为，每个家庭可以采取适合自己的家庭教育方式，但由于家庭背景不同、父母的知识结构学历层次不同、孩子的个性不同，适合一个家庭的教育方式，并不一定适合另一个家庭、另一个孩子，不要轻易把某个家庭的教育方式变为一种模式。因为教育需要长期性、延续性，更重要的是有科学性、针对性。

专家们建议，教育需因材施教。妈妈们首先要认识自己，认识孩子，找到适合自己和孩子的家教方法。如果实在找不到适合的办法，那么还是遵从最通行的教育理念：尊重孩子，多多交流，切忌宠溺，严格有度……其次，找到正确方法之后，还要坚持下去，不要轻易受到其他家教方法的影响，切勿因为自己的意志薄弱和思维混乱，让孩子无所适从，成不了"虎""鹰"反受累。找到适合自己孩子的教育方法才是正道。

和孩子的内心来个亲密接触

年轻妈妈有时会很失落：孩子小的时候很依赖妈妈、特别听妈妈的话，可是现在孩子慢慢变得逆反、不听话，一回家不是投入爸爸妈妈的怀抱，而是先打开电视看动画片、抱着平板电脑玩游戏。为什么自己和孩子的距离越来越远了，感觉快把孩子"弄丢"了？

孩子对外面的世界充满了好奇，电视、网络、商家，时时刻刻和我们争夺着孩子的思想和欲望。妈妈要想不"丢失"自己的孩子，就必须和孩子之间建立互相联系的"精神脐带"，不断地给孩子输送母爱的滋养。通过聊天，妈妈可以向孩子传递浓浓的亲情，可以走进孩子的内心世界，与孩子成为永久的朋友。妈妈要尽早养成和孩子聊天的习惯，学会用孩子的眼睛去观察、用孩子的心灵去感受，用充满关爱的聊天陪伴孩子成长。

经典事例

瑞瑞长大后，妈妈经常会有些失落，瑞瑞越来越不爱和自己说话了。一次，妈妈去接瑞瑞，看到每个教室里都有一些孩子围着老师唧唧喳喳地聊着。她以为是老师在布置作业，没想到老师和孩子们聊的内容都是孩子们之间的事：周末想去哪里玩、哪个卡通人物最可爱、上学路上有什么奇特的见闻……看见老师和孩子们聊得那么投入、那么热烈，瑞瑞妈妈被深深地感动了。从此，她改变了以前和瑞瑞的聊天内容，开始关注瑞瑞感兴趣的点滴小事。

有一天，瑞瑞从学校回来后，显得闷闷不乐，和妈妈诉苦说老师不公平：一个同学给另一个同学起外号，她觉得好笑，就笑出了声，没想到老师却同样严厉地批评了她和起外号的同学。瑞瑞妈妈听完后让她想一想：如果自己被别人起外号，旁边还有人在笑，你对发笑的同学会有什么印象？就这件事，母女俩聊了很久，最后她说很不喜欢在旁边发笑的人，还说以后再也不会那样做了。

感悟点滴

很多年轻妈妈都有种误解，"聊天"还有用？在她们看来，聊天是"闲事"，只有教孩子识字、算术才是"正经事"，才是真正的教育。其实，识字、算术原本是孩子自己的事，只要孩子教育好了，他就会如饥似渴地学习，根本不用过分地下功夫去教。殊不知，人们常常忽略的、以为是闲事的"聊天"其实是很好的教育手段。

在聊天的过程中，妈妈的爱可以及时地传递给孩子，并深深地在孩子心里扎根。孩子会对妈妈产生沟通和交流的依赖，"亲其师才能信其道"，这样对孩子的教育才会产生效果。妈妈如果能保持和孩子聊天的习惯，孩子会很开朗、很聪明，反之，孩子不仅性格内向，有时还会出现心理障碍。

想要走进孩子的内心世界，妈妈还应注重聊天的艺术：要做到互相尊重、互相激活；不能居高临下、强制和训斥；要把教育目的隐藏在聊天的过程中，不着痕迹；不能先入为主，预先贴标签。如果妈妈养成与孩子聊天的习惯，就会建立起一条通向孩子精神生命的绿色通道，和孩子成为永久的好朋友，孩子也更愿意接受家长的教诲。

妈妈多和孩子聊天，对孩子的成长以及母子的关系都很有好处。聊天不仅能

成龙成凤"成"在家教

使孩子从妈妈不同的经历、不同的性格、不同的性别中得到充分的教育，还能使妈妈和孩子之间建立起深厚的亲情，稳固家庭成员之间的关系。妈妈应充分了解与孩子聊天的意义，并通过聊天给孩子润物细无声的爱和支持，促进孩子的健康成长。

树立榜样不能"埋炸弹"

"天外有天，人外有人"，所谓"人比人，气死人"，心理学认为：攀比心就是分别心，它会强化高低贵贱的失衡心理，这就是不安定因素的根源。

经典事例

关于大学士张居正，《明史》中有这样一段记载——张居正小时品学兼优，因此成为乡里同龄人的榜样。其中有一位小王爷，因不务正业常遭其母责骂："你看人家张白龟（张居正幼时名'白龟'），样样比你强，再看看你……"因此，小王爷记住了这个名字，且怀恨在心，等他长大了，便倚仗自己的权势将张居正的亲人加害致死，用以满足因童年的嫉妒而导致的报复心理。

小王爷的母亲一定想不到，正是由于她的"树立榜样"和"严格要求"，才为儿子埋下了"定时炸弹"。

感悟点滴

有个这么一个词,"别人家的孩子",它的内容与五百年前那个王府里发生的事情一样:妈妈总拿别人家的孩子和自己的孩子比。而无论好心的妈妈在说"看看别人家的孩子,再看看你"时出于何种目的和动机,有一点是肯定的:孩子听到时,会感受到三种信息:

第一,安全感丧失,因为妈妈更关注别人家的孩子。

第二,自己的状态不被妈妈接受,成为别人才是好的。

第三,妈妈对自己孩子的爱是有条件的。

把这些加在一起,就会形成生命能量的内耗。什么意思?就是一个孩子本来有机会按自己的特长发展,却因妈妈的要求而被迫朝另一个方向较劲。

例如,一个孩子喜欢音乐,音乐老师都说他"有潜质,若用心引导必可成器"。然而,固执的妈妈成天把爱因斯坦、牛顿和爱迪生等发明家挂在嘴边,要么就以邻居家的孩子作为榜样,什么"看看人家考的,再看看你?""人家怎么就比你聪明,比你细心?"或者是"别人家的孩子怎么就那么懂事,那么用功,你怎么就那么没心没肺?"

虽然有好的榜样,但是却一直被否定,令妈妈遗憾的是,他没有成为科学家或医生,也没有成为画家,而只是一个纠结、内耗和自卑的男人。

"别人家的孩子"才是妈妈喜欢的,成为别人家的孩子才是妈妈想要的,孩子的这种想法会对不起那个真实的自己——两个自我始终在冲突。最终,自己的理想无法实现,别人的成功也无法复制。

很多人小时候都有这样的经历,比如在说话的时候,孩子的说法往往得不到认可,而一定要搬出父母和老师,再大一点,搬出权威,什么引经据典,参考文献,就连招聘或择偶时,也以对方的口碑、标签和外人评价为主……是的,我们

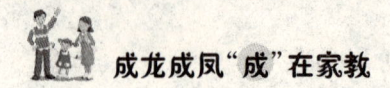

很难相信自己的判断，具有自己的主见，因为早在童年，我们就必须遵从大人的指令：不能相信自己，别人的评价要比自我认知可靠得多。

孩子自我评价的权利早在童年阶段就被剥夺了。从而导致长大成人后，我们很难接受自己，包括自己的观点和兴趣，自己的情绪和目标，也很难有耐心去接纳别人的缺点，因为不接纳自己的人，也不可能真正接纳别人。

妈妈们的爱应该是能够提供给孩子一种良性的评价机制：对自己，要扬长避短，对朋友，要取长补短。即要引导孩子发挥自己的优势，力不从心时，请朋友协助，而不是放大别人的长处而轻视自己的长处。由此，孩子才能产生自信和自爱，也才能自尊和自立起来，才能成才。

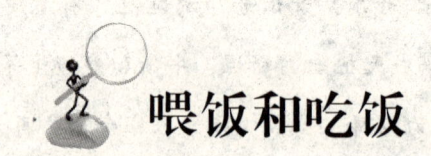

喂饭和吃饭

中西方的家庭教育有很大的差别，就拿吃饭这件事来说，对年幼的孩子，中国家长一般选择给孩子喂饭，而西方家长大都选择让孩子自己吃饭。

经典事例

周末，妈妈带着女儿佳佳去上音乐课，可能上课体力消耗大了，中午吃饭倒挺爽快，回家吃了一小碗饭后，佳佳便呼呼睡了。

下午4点左右，佳佳醒了，看外边太阳正好，妈妈便打算给佳佳吃完蒸鸡蛋后带去楼下玩一会儿。

可是今天，午睡起床的佳佳显得特别的闹——平时很爽快就能吃完的蒸鸡蛋今天怎么也不肯好好吃，从第三口开始喂到嘴里马上就给吐出来——佳佳刚睡醒的时候嘴巴就哑吧哑吧的，而且已经睡了两个多小时的午觉，按说应该是肚子饿了，但就是不肯好好吃蛋。妈妈开始以为蛋不好吃，不合宝贝的口味，但佳妈尝了一口，味道很不错，而且口感温度也正好！

妈妈又反复试了几次，一小碗蒸鸡蛋喂了大半个小时，此间佳爸佳妈好话说尽，但小家伙仍然不肯配合，每次送进嘴之前答应得好好的不再吐出来了，但转眼就忘，照吐不误！

平日里好脾气的爸爸和妈妈被佳佳折腾得要抓狂。

于是，当佳佳再一次把蛋吐在身上的时候，爸爸终于怒了！——把佳佳往地上一放："随便你吧，不吃就不吃！但今天也别想出去玩了！"

佳佳妈妈其实也早没了耐性，同时为了配合佳爸，也生气地对佳佳说："佳佳不乖！爸爸妈妈很生气！今天不去外面玩了！"

看到爸爸妈妈生气，佳佳并不吵闹，跟往常一样，黏在妈妈身边东摸西摸，同时暗暗观察妈妈的反应。

妈妈装作看报纸，不理睬佳佳，同时也暗自观察佳佳的举动。

不一会儿，佳佳耐不住了，跑来拉着妈妈的手要去阳台玩，佳妈自然不去，同时板起脸很严肃地对佳佳说："妈妈很生气，因为佳佳不好好吃饭！今天不陪你玩了！"

虽然还不会说话，但是佳佳现在已经很会看大人的脸色了，不知道她是不是真的听懂了妈妈的话，总之不吵不闹，继续在妈妈旁边自娱自乐，嘴里还嘀咕着大人们听不懂的话。

见妈妈还是不理自己，佳佳跑去阳台，拿了一桶积木出来，同时跑来妈妈跟前，把妈妈手上的报纸拿开，拉着妈妈的手要妈妈陪她玩积木。

看到佳佳的各种讨好，妈妈此时已经有些心软，但为了达到教育的目的，仍然硬起心作生气状，同时拒绝了佳佳的要求！

老办法都不管用了，佳佳开始明白爸爸妈妈这次是动真格的了！于是，佳佳开始用各种举动来吸引爸爸妈妈的注意力——在屋里跑来跑去或是拿着一些画报之类的举给爸爸妈妈看，最后在奔跑不慎跌倒时，便开始借势大哭——应该是不疼的，不过是想借机吸引爸爸妈妈的注意力吧！

这时，佳妈真的是心软了，忍不住把佳佳抱在怀里好言安慰。

傍晚时，仍然带佳佳去楼下转了一圈，给佳佳买了个会说话唱歌的小手机，而佳佳回到家后也乖乖地把鸡蛋吃了，并且晚上吃饭也很乖，吃了一大碗饭。

感悟点滴

中西方教育孩子的方式很多方面都截然不同，就拿教育孩子吃饭来说，中国家长讲实惠，注重孩子吃什么，吃多少，一般对吃相不太在意。西方孩子长大后注重仪态修养，尊重他人；中国孩子长大后讲究自我，看重己欲。

任何国家，不论大人或小孩，每日必经三餐。大人每天在饭桌上的言行举止对孩子身心所产生的烙印远比学校的功课要更深刻。我们一起来看下美国妈妈是如何教育孩子吃饭的，和中国妈妈的教育方式有何不同。

（一）中国妈妈的喂饭

1. 追着喂饭、逼着吃饭

很多中国妈妈错误地认为，孩子吃得多，才能长得好。妈妈对孩子的爱，尤其体现在吃饭上。首先是让孩子多吃，不分青红皂白，使劲喂，只要孩子多吃就好，自古如此。中国妈妈喂孩子吃饭，小时候在自己嘴里嚼软，再喂进婴儿口中；稍大之后，一勺一勺喂；再最后是一筷子一筷子喂。经常可见祖母端着碗，四处追赶孙儿喊叫着喂一口饭。而喂孩子的最大年龄可达十一岁。

2. 吃饭决不能耽误

现在的职业女性，午休时间很短，仍有绝大多数妈妈会利用中午哪怕只有一个钟头的时间，穿人山过车海，赶回家去给孩子做顿中午饭。当然，除了多吃，还要吃好，妈妈可以挨饿，但孩子碗里肉一口都不能少。能看着孩子咂嘴吃香，妈妈心里更是甜如蜜糖。

（二）西方孩子自己吃饭

1. 不逼孩子吃饭

西方的妈妈同样关心孩子的饮食，但是跟中国妈妈相比，方法各不相同。西方人从不硬逼孩子多吃饭，更绝对想不到给孩子吃燕窝，因为大人也不吃。受教育程度高的西方家庭，会主动给孩子补钙，也都严禁孩子喝可口可乐等软饮料，还不许多吃糖。不同的是，美国孩子从能够拿得动勺子那一天起，就开始自己吃饭了，即使弄得满脸满身，妈妈也不会去管。

2. 不给孩子做饭

在西方，孩子上学后，每天中午就在学校吃午饭，根本不会有妈妈跑回家给孩子做饭。家庭贫穷的学生在可以在学校领免费午餐。孩子在学校想吃什么不想吃什么，都是自己决定，妈妈看不见也不知道。中产阶级的孩子会带饭到学校，大多数是一片三明治，一瓶果汁再加一块甜点。孩子怎么吃，吃了多少，又丢掉多少，妈妈一无所知，也根本不问。

3. 孩子自己决定吃什么

西方家庭吃饭，由孩子自己从餐桌上的食物中挑选，喜欢吃哪样或者不喜欢吃哪样，都由自己决定。西方妈妈把孩子当作跟自己平等的人，尊重孩子个人的意愿。事实上，几乎所有西方孩子都不喜欢吃青菜，有的西方妈妈会要求孩子吃一些，如果孩子坚持不吃，也就不吃了。尽管西方妈妈也知道青菜的营养价值，但他们绝对不会强迫孩子去吃。西方孩子吃饭，自己说吃饱了，就可以立即放下刀叉，甚至离开饭桌。西方妈妈不会在孩子说吃饱后，还连哄带骗地逼孩子多吃几口才许离桌。

4. 西方家庭教育注重培养孩子的独立思维

西方人在吃饭这件事上的态度和作法，体现了西方儿童教育学的一个核心目标：培养孩子独立思维的能力。孩子吃饭，必须自己决定喜欢吃什么，不喜欢吃什么，或者自己是否吃饱。如果明明没有吃饱，而是为了贪玩而不再吃，那么过一会儿他挨饿，就活该了，因为那是他自己的选择，他必须自己承担后果，真正尝到苦处，下一次就不会重犯。西方人爱说，犯错误是一个不可缺少的学习过程，儿童教育学对这一认识尤其重视。

西方妈妈说，孩子的生活是孩子自己的生活，不管现在还是将来，孩子只能过自己独立的生活。所以必须尽早培养孩子独立生活的能力。与此相反，中国妈妈则认为孩子年纪尚小，缺乏生活经验，没有能力做出正确选择，所以妈妈必须替孩子做决定。比如孩子们不喜欢吃青菜，那妈妈肯定会逼着他们吃；孩子才吃一碗饭，妈妈就一定逼他们再多吃。

（三）反思中国妈妈的教育

1. 中西妈妈不同教育方式会培养出怎样的孩子

西方的孩子可能免不了经常挨饿，中国孩子从早到晚肚子都饱饱的。西方孩子因为不吃青菜，营养要靠维他命补充，中国孩子营养在饭菜里都吃够了，要补的只有燕窝和人参。西方孩子从小懂得，自己应该决定要什么，不要什么，是饥还是饱；中国孩子从小明白，大人知道的事情比小孩子多，所以时时处处要听大人话。西方孩子从小有什么说什么，不想吃就说不吃，吃饱了就说吃饱了，他们有充分的自信，也能得到父母的信任；中国的孩子从小明白，自己说什么也不会被信任，时时刻刻要等待大人的命令。每天都要讨好大人，不喜欢吃也说真好吃，吃饱了也说还要吃。

2. 听话的中国孩子

不同的教育会产生怎样不同的结果呢？西方孩子长大后，最爱说的一句话是："我知道，我会。"中国孩子长大后，最爱说的一句话是："我听话，我是好孩子。"西方孩子半饥半饱，独往独来，自己想说什么就说什么，想做什么就做什么。中国孩子则肚皮鼓鼓，面色红润，长大后服从领导，兢兢业业，领导让说什么就说什么，让做什么就做什么。

3. 西方妈妈尤其注重孩子的吃相

西方妈妈对吃的内容不太在乎，但是对吃相却格外关心。不管孩子吃什么，饱不饱，吃相必须好。美国人吃饭时，不许端起盘子放在嘴边，不允许张着嘴咀嚼然后双唇作响，不许大声吸面条、稀饭或者其他液体，不许含着满嘴饭菜含混说话，更绝对不许进了嘴的东西再吐出来。孩子从小就开始训练拿刀叉把排骨、鸡鸭、鱼虾之类在盘中剥净，只叉肉或虾仁入口，而且剥离肉和骨头时还不能在瓷盘上切出声响，一旦"砰"的一刀切到盘子上，妈妈就瞪起眼睛，孩子必须赶紧道歉。

中国妈妈讲实惠，注重孩子吃什么，吃多少，一般对吃相不太在意。大人小孩，吃得热热闹闹，咂嘴吸汤，剔牙打嗝，十分尽情尽兴。西方孩子长大后注重仪态修养，尊重他人；中国孩子长大后讲究自我，看重己欲。这就是喂饭和吃饭两种不同教育方式带来的差别。

化蝶前的挣扎

进入青春期，孩子发生了很大的变化，是一个美妙的时期，幼稚的个体从懵懂年少到日渐成熟，从依附无助到独立自主。

青春期充满了叛逆和迷惘，这也是个充满起伏的挑战时期，成长中会出现不可预期的烦恼，对他人目光的敏感，对评价的在乎……种种困惑组合成了五味俱全的青春岁月。妈妈该如何与孩子一道顺利度过青春期呢？

经典事例

青春期的孩子是最让家长头疼的。身为两个孩子的母亲，天后王菲在教育孩子方面也碰到了难题。

王菲大女儿窦靖童今年16岁，正处于青春叛逆期。现在的个性似乎越来越像王菲，有性格，自己的事情喜欢自己做主。虽然王菲平日里总是一副淡定模样，但是看到女儿越大越不好管教，有点慌了手脚。

在以前的各种报道中，窦靖童经常穿着运动服，留着短发，举手投足之间就是个"假小子"。

去年，嫣然天使慈善晚宴于北京举行，16岁的窦靖童以一身轻熟女造型走过红毯，着实让人吃了一惊。

童童从小就和妈妈特别亲,她从小就跟着妈妈一起生活,十分听话,学习成绩也非常好。而且她从小很独立,上下学、购买文具都不需要父母陪同。

童童是家里的大女儿,她还很懂事,和妹妹出门,都会主动照顾妹妹,还会帮妹妹挡记者镜头。

曾经有一段时间,童童独自到上海读书,她觉得得到了大解脱,转校不久即被曝与男同学结伴上夜店。

进入青春期的童童情窦初开了,喜欢上一个男同学。童童之前被王菲安排到上海读寄宿学校就是因为她在北京和一个男同学谈恋爱。

王菲如今又让童童回北京念书,还严禁女儿有性感的打扮,更限定每天放学后30分钟内要返回到家中。

觉得生活被限制,备感委屈的童童只好在微博上用英文诉心声,翻译过来大意是:人生在你年轻的时候,往往都是受着限制,你永远也不能为自己想住在哪里,想做些什么而作决定。青春带来快乐,有时,当你未能与某个人一起时就会带来苦痛……但我猜,时间会将这份痛楚治愈。

感悟点滴

孩子总有一天要长大,也许就是一夜之间,当初的小宝宝不再撒娇,不再轻易请求你的帮助,不再开口闭口就"我妈说";对你的循循善诱,他们显得那么不屑,听你的谆谆教诲,他们会脱口而出"又来了!";他们不再想哭就哭,想笑就笑,而是摆出一副酷酷的表情;你以为他真的没有了喜怒哀乐,可是,有一天你却发现他在独自偷偷流泪……

孩子的成长,是妈妈的成长,也是一个家庭共同的成长。孩子经历青春期,总是让我们联想起蝴蝶破茧而出的过程,正如罗大佑的一首歌中所唱,"就像蝴蝶必定经过蛹的挣扎,才会有对翅膀坚强如画"。青春期的孩子在自我冲突中不断长大，青春期孩子的妈妈们也在关于孩子问题的一个个挑战中成长。只要用心去思考和学习，终有一天，妈妈将和孩子一起完成蜕变！

（1）试着理解孩子。真正了解孩子的想法，才能采取正确的教育方法。

（2）积累最新的育儿知识。时代在进步，教育孩子的方法也要与时俱进。

（3）耐心和倾听。妈妈不要太急功近利，孩子一做错事就破口大骂，尝试多一分耐心，认真倾听。

（4）放下妈妈的架子。不要以妈妈的权威去威慑孩子，应该放下身段。

（5）在生活中教育孩子。如果小孩老是不听妈妈的话，可以让孩子自己体会"自食恶果"的滋味。

（6）做孩子的朋友，真诚对待孩子。不要老用指责或命令式的语气，如果能做到像朋友一样交流，就能更好地引导孩子。

理解比棍棒更有力量

有些妈妈受传统家庭教育父母权威观念的影响比较严重，管教孩子的方式很简单，非打即骂，"棍棒底下出孝子"是很多家长信奉的家教法则。棍棒型教育早就被证明是不适合孩子的教育方法，即使教育必须有一定的惩戒，但是打骂孩子无疑是家长无能的表现之一。

在"棍棒教育"模式之下的确诞生了许多杰出人才，然而也酿出了不少悲剧。

经典事例

2013年5月3日上午9点20分左右,江苏省淮安市北京北路上,一名小学生跪在路边哭泣,许多过路的热心市民将跪地少年扶起。据了解,少年跪地是因为在学校偷拿同学的钱物被老师停课,家长得知后暴打少年,并责罚其跪在路边不准回家。

家长们可以回想童年,或许还记得自己被父母从电子游戏厅、网吧拖出来痛打的情形,或者还对那一记火辣辣的耳光而耿耿于怀。孩子的心有多少父母能真正读懂,只知道一顿暴揍。至今仍然有不少父母笃信"棍棒之下出孝子"的教育理念,我想根本原因在于他们就在"纳诲于严父慈母"的家庭环境中长大,"不打不成才"的观念根深蒂固,于是出现了越来越的"狼爸狼妈"。我们必须承认:在"棍棒教育"模式之下的确诞生了许多杰出人才,然而也酿出了不少悲剧:"2003年武汉市的一个父亲只因为听说儿子偷拿了邻居家的东西,就将其用尼龙绳倒捆在靠背椅上致其死亡","2004年烟台市一男子看到自己儿子在家玩电脑游戏,于是捆绑其四肢并进行电击,最终导致儿子四肢被严重电伤"。近年来这样的悲剧更层出不穷,广东"狼爸"徐文辉暴打女儿致死,温州"狼爸"体罚女儿致死。更有不少父母盲目、自私,假他人之手将自己的孩子推入了泥沼。

感悟点滴

暴力教育是我们不提倡的,对于绝大部分子女来说,这种教育方式让他们异常反感,这样让他们根本感受不到家庭的温暖,感觉不到父母的关爱,让他们宁愿流浪也不愿回家,更让他们加倍敌视仇恨社会。媒体报道"某城市就曾对四百余名少年犯进行了调查,发现有84%曾经受到过来自家庭的暴力",于是"暴力教育""棍棒教育"受到了普遍的质疑。因此,我们渴望找到科学而有效的教育方式,使父母与子女能得到更好的沟通。本案中小男孩被怀疑偷同学的东西,于是父母"恨铁不成钢",不顾孩子的脸面、自尊而让他跪在马路边,这是绝对不行的,那我们应该怎么办呢?

孩子犯了错,找到原因最重要。所以当孩子在犯错之后,妈妈最先要做的是控制自己的情绪,与孩子正确地交流,了解孩子偷拿东西的原因。千万不可当着他人的面训斥孩子,以免使孩子产生羞辱感。孩子产生偷拿行为的原因各式各样,一定要准确了解孩子偷拿行为的背后因由,才有可能真正地引导和教育孩子。

体罚和忽视都无法解决根本问题。在了解孩子为什么会偷拿之后,妈妈就要想想采用什么方式来处理这个事情。如果孩子偷拿是因为想要得到某种东西而去偷拿,可以告诉他们以后遇到想要的东西,需要直接跟妈妈商量,妈妈会对他的建议进行考虑来满足他的需要,并教育孩子,不要盲目地攀比,学会自律。如果孩子的偷窃是因为长期被忽视,产生了想用特殊手段来引起父母的关注,那么妈妈就应该反思、检讨一下自己,想想自己是不是平时对孩子的关爱太少。如果是,那就该努力营造温馨、民主、和谐的家庭氛围,让孩子在家庭里得到温暖与关怀,并且要多关心孩子的心理需求,平时多与孩子进行沟通交流,了解他们的心理动态。

妈妈可以通过聊天和孩子交流,选择一个适当的时机,与孩子坐下来聊一聊他的生活,让孩子有机会把心底积压的负性情绪尽情地宣泄,做一回孩子真正的"知心朋友"。在谈话的过程中妈妈要充分地表达对孩子优点的欣赏、对孩子渴望进步的信任。向孩子介绍父母的工作状况、家庭的经济条件,让孩子理解父母的辛劳、获得金钱的正当渠道，以及"偷钱、偷东西行为"的可能后果。通过"动之以情，晓之以理"的沟通方式，来让孩子懂得父母的爱，知道"世间爹妈情最真，泪血溶入儿女身。殚竭心力终为子，可怜天下父母心"。

有这样一种说法，孩子犯错，上帝都能原谅。因为我们曾经都是孩子，所以当孩子犯错时，我们都应该站在孩子的角度，用孩子的眼光重新审视理解这个世界。多去了解孩子的需要，多给孩子一些关爱，一些理解，一些鼓励，一些信心。希望妈妈们能够放开心怀与子女建立"新亲子"关系，寓教于乐，其实教育本身没有定数，只要科学有效，都可以尝试。愿妈妈们都能成为孩子们的"大朋友"，陪伴孩子健康成长。

第四章 成长问题莫烦恼

孩子从小长大,妈妈的青丝变为白发,在孩子的成长岁月中,妈妈也陪伴着孩子一起成长。与成长相伴而生的就是烦恼,如果成长是一盘棋,那么烦恼就是取舍和进退之间的抉择,妈妈们能够帮助自己、帮助孩子一起面对成长中的烦恼吗?

孩子性格上的雷区

我们通常把人生3~6岁的阶段称为"潮湿的水泥"期,这是孩子性格塑造最重要的阶段,孩子85%~90%的性格、理想和生活方式都是在这段时间形成的。俗话说3岁看大,7岁看老,人的很多性情在很小时候就初见端倪了。年轻的妈妈希望自己的孩子成为一个快乐、自信、受欢迎的人。只不过这些特质不会只是因为妈妈的"希望"就会出现,更多情况下,是需要妈妈关注和进行培养的。

经典事例

故事一:敏感娇弱的性格

妮妮,有点胆小,扭捏羞涩地躲在妈妈的身后,紧紧拽着妈妈的衣角,探着半个小脑袋看着初次见面的陌生人。妈妈努力挣脱开她的牵拉,想促使她主动与陌生人打招呼,但这立刻使她非常紧张,整个人躲在了妈妈的身后。无奈的妈妈只好一边解释"这个孩子就是这个样,特别胆小",一边又转身再次用力把妮妮拖到自己的面前来,"出来啊,怕什么!"可是就是在这样一个过程中,妮妮低声委屈地哭了起来。

妈妈一直希望妮妮的胆子能大一点，见到生人不要害怕，可这何尝不是妮妮自己的希望呢！但是在很多场合下，妮妮会经常地、自然地表现出一种紧张不安、退缩，这是她的一种性格倾向，所表现出来的典型特征就是：

（1）对外界环境表现出异常的敏感，外界稍微有变化就使她紧张与不安；

（2）人际交往的能力比较差，喜欢独自安静地玩一些自己比较熟悉的游戏；

（3）行为比较缓慢退缩，情绪比较平静；

（4）依赖性高，不愿意表达自己的要求。

故事二：冒险性格

小杰对家里的玩具已经很厌倦了，这天，他突然看到了放在书架中一件玻璃制品，立刻给妈妈要"我要玩，我要那个老虎，我要……"，妈妈立刻给小杰打开了电视中卡通片，想转移小杰的注意力，可是在这个短暂的过程中，她发现小杰已经爬到了沙发的靠背上，正在斜斜晃晃地想站起来……担心小杰受伤，妈妈只好自己将玻璃老虎递给了小杰，但一会儿，妈妈就听见了小杰用力把玻璃老虎投向墙壁的声音……

自从有了小杰，妈妈的神经总是绷得紧紧的，一会儿他可能去触摸饮水机的开关；一会儿他又可能爬窗台……虽然小杰的额头已经被摔出了大疤，屁股也多次被爸爸教训，但他还是在不停地惹麻烦，去做一些很危险的事情……

其实小杰属于一种冒险型性格，这种性格的典型特征是：

（1）总是处于一种兴奋的情绪状态，习惯性地动手去摸摸东西，用脚去踢踢周围的物品；

（2）按自己的想法去行动，从不考虑后果，也记不住以前得到的教训；

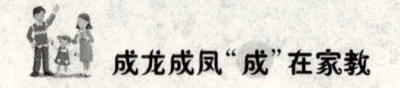

（3）喜欢攻击、侵犯他人，逆反心理比较强。

故事三：冷漠性格

小爽一直都是妈妈的骄傲，她一直很乖，这让妈妈省了不少心。吃饭穿衣小爽也任大人的摆布；客人往来，妈妈出门，小爽也不会在意……但是，当小爽进入到托儿所之后，表现得与其他小朋友有些疏远，她总是一个人躲在角落，受到小朋友的欺负也不会还手；对老师的表扬不去争取，对老师的批评也似乎不在意……

小爽的乖使妈妈放松了对小爽的关注，从而使小爽有更多的时间一个人自得其乐，而对外界环境的变化很少给予关注，养成了一种对外界环境冷漠而不敏感的性格倾向。这种性格倾向的典型特征是：

（1）对外界环境极少表现出普通孩子的兴趣，无论发生了什么事情，无论开心与否，他都没有明显的反应；

（2）比较温顺，行为和生活却很有规律；

（3）很少能明确地表达自己的情绪需要；

（4）没有表现出有固定的亲密依恋的人。

故事四：多动性格

幼儿园里有个让老师既喜欢又头痛的孩子壮壮，喜欢他是因为他的聪明可爱，对他"头痛"是因为他的"无规则纪律"。他总是喜欢动个不停，不是去捉弄其他的小朋友一下，就是突然把自己刚搭拼好的积木向地上一推，或者他就仅仅是在班级内走来走去，就是不能安静坐一会儿。当然这样来形容他也有一些不妥，因为在他喜欢的卡通片前面，壮壮可以安静地坐半个小时，但除此之外，似乎很难找到其他的"法宝"能使壮壮静静地坐一会儿……

只有喜欢的卡通片能让壮壮稍微安静一会儿，但是在大多数的时间和场合他却"坐不定"，这说明他是一个具有多动倾向的孩子，他具有一定的冲动性格偏差，这类偏差的典型特征是：

（1）喜欢做的事情有很多，但很难将精力集中于某一件事情，喜欢的事情也只有三分钟的热度；

（2）精力充沛，行为多动，但有的时候能偶尔专注于感兴趣的事情上，虽然时间极短。

故事五：倔强性格

丁丁从小就特别拧，人虽然小但是脾气却很大，一旦他自己认准的事情，就会倔到底地坚持。前几天妈妈答应周末带丁丁去动物园，到了周末因为下雨，所以妈妈就取消了计划。可是丁丁却不依不饶，一直坐在门口哭："我要去动物园……动物园……"

丁丁执拗的行为中反映出他的一种倔强的性格偏向，这种性格偏向表现出来的典型特征是：

（1）在涉及到自己的一些事情上，如果父母征求他的意见，无论对于这件事情是否理解，他都会给出自己的要求和意见；

（2）任性，重复坚持自己的意见；打骂对他没有明显效果。

感悟点滴

（一）妮妮本就胆小、敏感，面对妮妮的胆怯，脾气急躁的妈妈常常控制不住自己而发脾气，但是妈妈的急躁越发使妮妮变得更胆小，而不能真正地帮助妮妮成长。

性格的改变需要一个循序渐进的过程，在这个过程中，妈妈可能也需要从以下几个方面作出新的调整：

（1）妮妮的胆小，是对新环境的恐惧。在接触和适应新的环境的过程中，需要妈妈前期陪伴，在妮妮渐渐熟悉的基础上，妈妈有意识地让妮妮表现自己。例如妮妮要进幼儿园了，妈妈可以先提前带妮妮去幼儿园中玩几次；进入幼儿园之后，妈妈可以陪妮妮在班级中玩一会儿再离开，使妮妮对新的环境有一个逐渐熟悉的过程。

（2）设置"最近发展区"的任务给予挑战，激发妮妮内在的能力。所谓最近发展区，是指妮妮目前没有达到但是经过自己的努力而可以达到的一种发展水平。例如妮妮目前不愿意和陌生人打招呼，妈妈可以引导妮妮拉着妈妈的手转到前面来。

（二）小杰的胆子很大，天不怕地不怕的性格，迫使爸爸妈妈软硬兼施，爸爸以巴掌"狠心"地教训了小杰多次，妈妈也一直不断地以"乖宝宝"利诱，但仍不能使小杰发生改变。那怎么办呢？

（1）父母要为孩子营造安静平和的家庭气氛，减少或杜绝一些暴力刺激的来源，使小杰在一种平和安静的气氛中能静心从事一些阅读或手工制作类的活动，从而减少他冒险行为的可能性。

（2）不能纵容，要对小杰的行为活动设定规则，并坚决按照这种规则来约束小杰的要求与行为。例如对一些摆设类的物品，只能观赏而不能拿来做玩具，这种规则之下，妈妈和小杰之间没有任何的协商或者条件交换。无论小杰怎样要求，采取怎样的冒险行为，妈妈都不能允许他拿这一物品。这样才能使小杰意识到冒险行为并不一定会得到满足，学会放弃。

（3）对小杰的冒险性格偏向，妈妈可以先从外部控制他冲动的情绪，再渐渐让他学会自我控制，而不能因为小杰的行为引发自己的消极情绪，从而造成对小杰更进一步的消极暗示。

（三）小爽的安静背后是其冷漠不敏感的性格，在一个强调情商的社会中，这样的性格很可能会影响到她将来的发展，因此妈妈及早意识到这一点很重要，可及早采取措施来帮助小爽改变这种冷漠的性格偏向，具体来说，妈妈可以采取的措施有：

（1）爸爸妈妈要多陪伴小爽，减少小爽一个人独处或者小爽单独和玩具在一起的时间，多与小爽交流自己的感受，少批评她，帮助她打开自己的心扉，安全地表达自己的情感需求。

（2）为小爽多创造些机会去接触新的朋友，爸爸妈妈要多帮助小爽，使她能在与他人玩耍的过程中，学会人际交往，学会主动表达自我，体验游戏的乐趣，理解他人的感受。爸爸妈妈可以多带小爽外出，通过环境的改变、新奇刺激的出现等方式，激发小爽对外界环境的兴趣。

（3）爸爸妈妈可以指导小爽喂养小动物，从而激发小爽的爱心以及责任心。

（四）对于壮壮的这种性格偏差，妈妈在帮助壮壮的时候，可以注意以下几个方面：

（1）从环境入手，减少环境中新奇多样的刺激与诱惑，使壮壮能够在熟悉的环境中比较自然地安静地从事目的明确的活动。

（2）设立目标，培养壮壮的耐性。例如对壮壮的延迟满足能力加以训练，根据壮壮在活动过程中坚持的时间不同而给予不同程度的奖励。

（3）父母要对壮壮活动的过程多加关注，而减少对壮壮活动的结果的关注，树立壮壮对活动本身的内在兴趣，从而使父母对壮壮活动的外部控制转换成为壮壮自身对活动的内在约束。

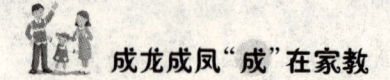

（五）对丁丁的这种任性，爸爸妈妈在处理的过程中应该注意以下几个方面：

（1）关注孩子内在真正的需要。当孩子坚持自己的无理要求时，或许他的目的是想引起父母的关注。

（2）当孩子任性的时候，父母不要以自己的"任性"来对抗孩子的任性。必要时不妨适当"让步"，首先使孩子的内心得到满足，再教育他学会承担自己的行为所带来的后果，避免类似行为的再一次发生。

（3）父母也可在日常生活中多启发孩子学会多角度解决问题，增加孩子思维的灵活性以及解决问题的灵活性。

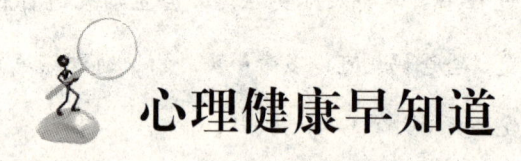

心理健康早知道

成人的眼里，孩子是无忧无虑的，他们生活得很轻松，他们所担心的无非是哪天出去玩，妈妈会不会买自己喜欢喝的果汁。我们似乎从未意识到成长也可能如此艰辛——对于成年人而言，如果错过一顿饭，不过是过后再吃罢了，但是，对一个依赖别人给他食物的婴儿，延误吃饭时间却会是对身心的双重折磨。

经典事例

小龙第一次到幼儿园，妈妈带着他走进活动室，老师向他打招呼问好，他不仅不回答，反而报以敌视的眼神，随后他扭头就往外跑。好不容易被妈妈拉回来，他却像疯了似的乱踢乱跳，大哭大闹。接下来的一段时间里，老师发现他非常孤僻、离群，不愿意参加集体活动，上课从来不肯回答问题，下课也不和小朋友玩，还伴有攻击性行为。

有一次，孩子们正一起搭积木，他莫名其妙地打了一个小朋友，当老师批评他以后，他却一下子钻到桌子底下，大叫着用积木敲自己的头，以后，老师发现他常常这样无法控制自己的行为。无论和蔼的话语还是严厉的批评都对他无济于事，一遇到不顺心的事情，他就发脾气、打人，有时闹得整个班级都不能正常上课、活动。

田田三年级了，她长着一对会说话的大眼睛，头发黄黄的，稍稍有些卷曲，成绩上游，中等智商，非常腼腆，性格内向，在人面前不苟言笑，上课从不主动举手发言，老师提问时总是低头回答，声音听不清，脸蛋涨得绯红。下课除了上厕所外，总是静静地坐在自己的座位上发呆，老师叫她去和同学玩，她会冲你勉强笑一下，仍坐着不动。平时总是把自己关在房里，不和同学玩。遇到节假日，父母叫她一起玩，去别人家做客，她都不去，连外婆家也不去。

萌萌的父母都是知识分子，而且只有一个独生女儿，对女儿的教育非常严格，萌萌从小就养成了不爱出门的习惯。萌萌的父母很爱干净，其他小朋友到她家来玩，假如把屋子弄乱了，他们会很不高兴，并告诉萌萌，下次不要把小朋友带到家来。由此，萌萌的朋友变得越来越少，她也越来越不喜欢与小朋友交往。等萌萌稍大一点后，父母又常对她说，外面很乱，坏人多，做什么事都要小心，经常叮嘱她晚上不要外出。一天晚上，她上完自习，独自一个人回家，发现在一个小巷子里，几个男青年正围着一个女孩纠缠。父母的叮嘱顿时变成了她亲眼目睹的事实。她吓得魂不守舍，拼命地跑回家。经过很长一段时间这种恐怖的感觉才慢慢消失。恐怖的意识虽然消失了，但恐怖的痕迹还是存在。每当萌萌看见异性，就会产生莫名的恐惧，在惶恐、矛盾、徘徊中，她渐渐把自己封闭起来了。

感悟点滴

孩子的身心健康是妈妈最关心的问题,妈妈要小心孩子抑郁的以下7种信号。

(一)睡眠不安稳

父母睡着了,可漫长的黑夜对孩子来说很可怕。把婴儿或咿呀学语的孩子和他们的父母分开,他们会很自然地感到焦虑。如果你的孩子长期失眠,那一定是有什么事情在困扰着他。在睡觉前和你的孩子聊天,给他一个机会说出心里话,这有可能会改善他的睡眠。

(二)饮食紊乱

饮食是反映孩子身体状况的一个指标。如果出现厌食,往往是孩子们的情绪出了问题,家长应认真对待。如果对此忽视,就有可能发展成饮食节律紊乱。作为父母此时千万不要强迫你的孩子吃饭,而是应该经常改变饭菜的种类,鼓励孩子帮你做饭,帮你准备他们爱吃的饭菜。如果他在饮食方面的不良倾向持续很长时间或体重减轻很多,应及时看医生。

(三)无法找到病因

孩子有些找不到原因的疾病。如果你的孩子叫嚷肚子痛或头痛,但又没有任何外在的症状,那么他可能就是精神紧张。曾经有一个父母正在闹离婚的孩子表现得非常焦虑,他不断去校医务室检查,说自己头痛,校医束手无策,于是请心理医生会诊。心理医生了解到孩子家里的恶劣家庭关系时,终于找到病因。

(四)脾气古怪

孩子有古怪行为。语言能力有限的儿童,减轻压力的唯一方式就是咬、激怒或欺负他的玩伴。造成这种行为的原因虽然和电视上的暴力情景不无关系,但孩子的愤怒更可能源于心情压抑,这就是说,你应该尽量少一点地告诉他做什么以及如何做，否则只能增加他的压力。因为孩子需要无忧无虑的玩耍，做自己想做的事。

（五）忧虑过度

孩子害怕很正常，比如看到电视里飓风灾难的报道后而害怕飓风是情理之中的事。同样，学生害怕临近的考试也是正常的。但如果他们害怕所有的人和事就不正常了，他们越感到软弱无助，害怕的东西就越多。

（六）撒谎

幼小的孩子，特别是5岁左右的学龄前儿童有时会撒谎，但他们通常并不知道他们行为的后果。大一点的孩子在已经能够分清真假的情况下也会撒谎，这大多数是因为他们受到很多的压力。如果你的孩子听到你吹嘘自己停车没付费，或撒谎以避开工作会议，你要小心自己在树立坏榜样。最好把诚实的重要性和说谎的后果讲给孩子听。如果说谎已成了他的一种习惯，你就应该带他去看心理医生了。

（七）哭泣

孩子通常用哭泣表达饥饿或疲劳，另外，哭泣也是减轻压力的一种自然方式。

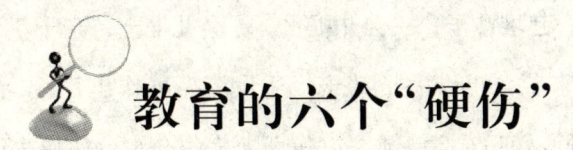

教育的六个"硬伤"

在对孩子的教育中，妈妈有很多"想当然"的做法事实上是错误的，并且错得很离谱，正是这些想当然的行为扼杀了孩子最深的纯真。以下6个故事，就折射出了6大教育"硬伤"。

经典事例

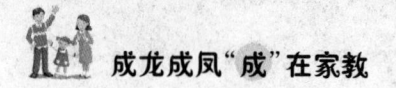

故事一：吓唬得不到尊重

工作了一天的妈妈下班回家，打开门就看到：琪琪正边吃晚饭边看电视，手里还把玩着不少的玩具，奶奶则端着饭碗跟在琪琪身后。

放下背包，妈妈说开了："琪琪呀，刚才妈妈在楼下看到警察叔叔了。他告诉妈妈，正在找不认真吃饭的小宝宝，要把不乖的宝宝抓到警察局里去。你怕不怕警察叔叔？再不听话，就把你送到警察局关起来！"

吃过晚饭，妈妈看到琪琪玩得太兴奋了，在小区里跑来跑去的，出了不少汗。妈妈又说道："琪琪，医生阿姨要来抓你了！快过来，穿衣服。不然，让你到医院，打针！"

故事二：替孩子做决定

亮亮和妈妈一起堆沙子，一会儿提水，一会儿堆土，亲子氛围其乐融融。这时，有小同伴过来了，想借一把铲子。还没等亮亮作出反应，妈妈就说开了："亮亮，借给哥哥，好吗？亮亮乖，好东西要大家分享。妈妈告诉过你，要大方的……"长篇大论后，妈妈把铲子给了同伴。可亮亮呢？转身走开了。

故事三：偏见里的孩子

海洋球池里，一群孩子在玩耍。一个哥哥快速、熟练地从一旁的滑梯上滑下，"嘭"的一声，躺在球池里了。这时，周围聊天的妈妈们循声而来，一边嘟囔着，一边把自己的宝宝从球池里抱出。霎时间，球池里只剩下两三个大孩子。

故事四：孩子的眼睛

周末，全家出门去公园游玩，热热闹闹的。妈妈看到花了，笑着说："宝宝，这是菊花。看它的花是黄色的哦！"远远的，风车在转，爸爸说："宝宝，你看，那是风车哦。"这时，爷爷一抬头，发现鸽子了，连忙大叫一声："宝贝，天上有鸽子在飞。"……

故事五：规矩不能随意改变

小龙刚起床一会儿，乐滋滋地在房间看《天线宝宝》！"小龙乖，把尿包扔到垃圾桶去！"妈妈在外面喊。这时，爷爷进房间了，小龙马上笑嘻嘻地说："爷爷扔，爷爷扔！"

爷爷慈爱地摸了下小龙的头，提了尿包走出来，有些得意地跟妈妈说："咱家小龙越来越聪明了，自己不扔叫我扔，这小家伙，呵呵。"

故事六：孩子并不脆弱

一群孩子在一起玩耍，妈妈看到宝宝正在和一个年龄较大、性格活泼的大哥哥在一起玩。这时，大哥哥轻推了宝宝一把。只是因为宝宝站错位置了，纯无恶意，宝宝很自然地走开了些。可这时，妈妈却飞箭似的奔跑过去，喊了声："小心点，宝宝！我们去那边玩。"

感悟点滴

（一）为了让宝宝听话，生活中，有的妈妈会借用"警察""医生""小偷"等这些特殊职业人物的权威，"威胁"孩子吃饭、睡觉。也许一时有效，可长久之后，孩子不仅会对这些职业产生恐惧，而且会产生不安全感。

妈妈总是摆出大人的权威，强制、命令、恐吓，这些都不是良好的沟通方式。妈妈何不编个可爱些的小故事呢，或顺着孩子的性情喜好，去摸索一些更睿智的方法。多些耐心和童趣跟孩子交流，孩子会更容易接受。

（二）和孩子一起出去玩，妈妈当然希望孩子给自己"长脸"。但亮亮妈的行为，实质上干扰了孩子之间的独立交往，让亮亮失去了一个跟同伴交往的锻炼机会。

好妈妈永远是站在孩子身后。碰到类似问题，妈妈不妨等一等，先观察下孩子的反应，如果孩子很乐于把铲子借给对方，马上拥抱孩子，告诉孩子："你很棒！"如果孩子不肯借，你再适时加入，引导他与同伴正确交往。

（三）过分地关心孩子，看着大孩子"粗鲁"地"闯"进了海洋球池，周围聊天的妈妈们赶紧采取"保护"措施，把宝宝抱了出来。妈妈用自己的预想，保护了孩子的身体，却破坏了孩子们宝贵的学习环境。

其实妈妈可以这样做：心里关切着孩子，但表面上要不动声色地走到球池边。你可以引导宝宝为这个大哥哥鼓掌，而大孩子看到妈妈在也不会太为所欲为。何况孩子之间的交往，多数没有恶意，妈妈完全可以"暗中保护"，又不破坏现场的愉快气氛。

（四）孩子还没有发现呢，妈妈就急不可待地把看到的东西指出来。表面上看，这是向宝宝传授知识，实际上却局限了孩子整体观察的能力，也剥夺了他们自我探索的乐趣。

等孩子已经对某个事物关注时，妈妈再开口说话。而且要注意，不要直接告诉孩子这是什么，而是多用问句的方式，引导孩子一起来观察。比如，当宝宝在看花的时候，你可以这样问：你在看这个吗？上面有什么？花是什么颜色的呢？……

（五）家长希望孩子聪明能干，当孩子们动用"小聪明""小伎俩"来对付大人时，很多妈妈明知道不对，却又忍不住对孩子的机灵津津乐道。妈妈的表情、语气、行动的不一致性，常常让孩子无法正确分辨，导致错误的模仿。

孩子最初的社会秩序感和规则，往往来自于耳濡目染的家庭环境。小龙确实很聪明，懂得把事情"转嫁"给爷爷做，但这并不值得赞赏，而是要语气平静地告诉她，自己的事情还得自己做。面对孩子的"聪明"，妈妈要多些理性，并且全家一致。

（六）宝宝被大哥哥推了一把，不少妈妈心里会不舒服，认为自己的孩子被欺负了。其实，孩子们的交往是单纯的，他们表达情绪很直接。也许前一分钟，他们还在推来推去，后一分钟，就拥抱欢呼。

妈妈带着成人的眼光出手"保护"，让孩子失去了很多"受挫"的机会。

妈妈不可能永远地守护在孩子身边，让他自己先试着解决，其实孩子很坚强。

通过6个不同的故事，有不同"涂鸦行为"的妈妈是否能够领悟到其中的教育智慧，并努力改进自己，成为孩子正确的引导者呢。

成龙成凤"成"在家教

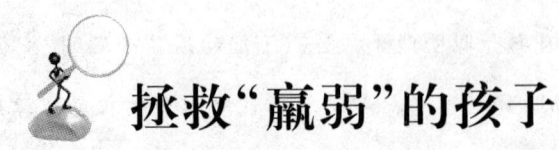

拯救"羸弱"的孩子

随着生活条件的改善，我们的孩子过着越来越优越的生活，妈妈和社会为他们提供越来越优越的条件。长此以往，孩子岂不是坐失适应能力、生存能力？

经典事例

挫折教育是西方教育中很注重的方式，美国洛克菲勒集团创始人老约翰为孩子提供挫折教育的例子，可供我们借鉴。老约翰只有一个儿子。有一次，老约翰张开双臂，叫儿子跨越椅子跳到自己的怀里来，小约翰听到父亲的呼唤，高兴地冲过去，但老约翰迅速地把双臂移开，小约翰重重地摔在地上。对着发怔的儿子，老约翰意味深长地告诫他：在生活的道路上，什么事情都会发生。

日本人的挫折教育做得也很好。富甲天下的日本人深感年轻一代的创业精神远不及老一辈，便想方设法对孩子进行"吃苦教育"。为了不忘过去最苦的日子，日本一所学校给孩子做了"忆苦饭"，结果孩子面对大人当年吃过的糠菜号啕大哭，拒食三天，可校方仍毫不动摇。第四天，孩子终于咽下这顿忆苦饭。在日本的许多孤岛或森林里，常常可以看到小学生的身影，他们在没有老师带领的情况下，面对既无粮又无水的可怕境地，安营扎寨，寻觅野菜野果，捡拾柴草，寻找水源，自己"营救"自己。这些孩子都是家长主动送去的。像这样的"吃苦"教育，在日本是孩子们的必修课。日本每年都要定期举办"田间学校""孤岛学校""森林学校"等，组织学生到田间、森林或海岛去"自学"，让孩子经风雨，见世面，培养吃苦耐劳的精神和克服困难的毅力；让孩子在自然界的竞争中求得生存和发展。

感悟点滴

在动物保护领域有这样一个词，"逆向关怀"。美国阿拉斯加国家动物园的鹿苑里，鹿群因不必为觅食而发愁，也不必为逃避敌害而穷于奔跑，因而很快就繁殖起来。然而在一度兴旺之后，病弱残疾者与日俱增，最后竟出现濒临绝种的危机。当地政府曾不惜斥巨资予以挽救，可惜一概无效。后来一位聪明的管理人员建议，把几只凶残的恶狼引进鹿苑，许多病、弱的鹿被捕杀了。几年后，鹿的数量不但没有减少，反而大大增加了。狼捕食了病弱者，又迫使鹿群为逃避狼害而重新拼命奔跑，从而使得留下来的鹿群体质日益健壮。后来，人们把这种奇特的动物"保护"方式称为"逆向关怀"。

这类似于我们所说的挫折教育，动物需要"逆向关怀"保护，我们的孩子们需要不需要这种"逆向关怀"呢？回答是肯定的。我们的孩子过着越来越优越的生活，社会和妈妈为他们提供越来越优越的条件。长此以往，孩子岂不是坐失适应能力、生存能力？

现在的孩子，大多衣食无忧，在优越的环境里长大，要想让他们成才，就要让孩子学会面对挫折，经历磨难，认识世界的复杂，人生的艰辛。在挫折中磨炼自己，最终养成完善的人格和健康的心理，养成克服困难、战胜挫折的坚强毅力。

望子成龙、望女成凤是人之常情。但要爱得深沉，爱得高远。妈妈们不要"心太软"，要硬起心肠，收藏起一半爱，别让孩子越长大越"赢弱"。

压岁钱该交给谁

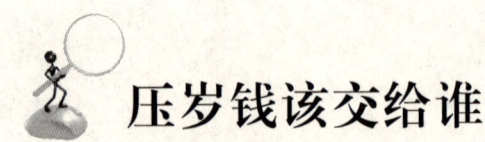

随着社会的飞速发展,我们今天的教育体制已跟不上全球的变化及科技发展的步伐。很多时候在大学学的技能,在毕业后已不管用了。因此,在培养下一代的基本生存技能的同时,也要教给他们理财技能。这不但让他们能够在这世界上生存下去,而且能够生活得更美好。

经典事例

二年级的睿睿每年过年都能从爷爷奶奶、外公外婆、舅舅阿姨那里收到不少压岁钱。压岁钱给到睿睿手里,妈妈很快就会收起来,睿睿要看看钱是什么样的,妈妈就会说:"小孩子不用认识钱,小孩子认识钱会变坏的!"睿睿不明就里,所以就很少接触钱,反正在家里要什么有什么,在外面买什么、吃什么全是爸爸妈妈买单,自己完全不用操心。

一转眼,睿睿升入了五年级。妈妈发现睿睿花钱特别厉害,以前一周给零钱五元,基本上还会剩那么一点,现在是一周25元都不够了,于是妈妈就问小睿睿:"宝贝,你告诉妈妈,你的钱都用到哪儿去了?"

睿睿想了想,说道:"我也不知道,反正我渴了就买水喝,饿了就买东西吃,平时看到喜欢的玩具就买着玩。妈妈,你问这个干吗啊?"

听到睿睿的回答,妈妈很生气,说:"你还说,你最近花钱那么厉害。你以为钱从天上掉下来的啊!"

"那钱从哪儿来的啊?妈妈和爸爸不是有很多工资吗?"睿睿不理解妈妈的话,争辩道。

见睿睿这么不理解大人赚钱的辛苦,睿睿妈妈才后悔自己当初没有及时培养睿睿学会珍惜钱,学会用钱。

感悟点滴

妈妈是孩子的启蒙老师,有怎样的妈妈,就有怎么样的孩子!妈妈的言行举止除了直接影响子女人格的发展及人生价值观外,在金钱的管理上,也会直接影响日后子女理财的行为。因此,理财观念早要在儿时根植,并由孩提时代至少年分为三个阶段,妈妈要多加留意。

(一) 萌芽期:(3~6岁)

这时的孩子进入了幼儿园,已初步具备认知、语言及基本反应的能力。所谓"三岁定八十",三岁孩童已拥有自己独一无二的个性及自主性,部分已发展出独立性。所以该时期是教育孩子接触社会的最好时机。这阶段的小孩,可以让他们接触金钱,让他们理解金钱是什么东西,金钱的功能是什么,钱从哪里来。父母可让孩子了解:

(1) 金钱基本概念及重要性。

(2) 当和父母购物时,让孩子认识每件东西都有一个价值。

(3) 价值和价格之间的关系。

(4) 学会储蓄的概念。

孩子对金钱的观念受父母言谈举止影响很多。比如母亲是一个购物狂,很喜欢Shopping,每次消费时不理家里是否用得上,先买再说,又喜欢同一款的东西买不同的颜色，每次消费不管需要与否，只要自己喜欢想要，先买再说。以上凡此种种，都会深深植根在孩子的金钱观念上，直接影响孩子理财观念及人格发展。

(二) 成长期：(7～12岁) (小学阶段)

这一阶段孩子升入小学，并从学前所学习及认知的概念逐步发展出自己的性格特质。这阶段的小孩已开始有独立思考、逻辑及分辨是非黑白的能力，随着生活经验增加，此时最适合教育小孩生活上及理财上相关的事务。如：如何好好运用零用钱；接触不同理财工具及机构，如银行及保险等角色及功能；养成储蓄及记账习惯等。

这个阶段是培养理财观的重要时期。父母可以有步骤地向子女进行理财的教育，并按其性格及心智，厘定灌输理财教育的进度。更重要的是：在培育理财观念过程中，个人的品格操守是首要，要让孩子了解到金钱是重要，但并不代表拥有金钱，就能换取世界上珍贵的东西，如爱情、亲情、友情、自由、快乐、信任、幸福、分享等。父母更可教育孩子如何善用自己的天赋及能力，借着金钱，去帮助其他人。比如，人生价值及金钱价值又如何分辨等，因此该阶段父母应注意：

(1) 零用钱的功能及背后意义。

(2) 如何透过零用钱分配，以达成短、中、长的个人目标。

(3) 银行的功能角色。

(4) 保险的意义。

(5) 储蓄及记账习惯。

(三) 发展期：(13～18岁) (中学阶段)

都说青春期的孩子最难管，这个阶段正是孩子的成长青春期，成长及成熟程度快慢不一，有些孩子急于处理自己事务，有些仍然依赖父母，因此父母应按子女心智成熟程度而采取不同的教育方式，以下是教育中学学生理财的几点注意事项：

（1）需要及想要的区分。

（2）消费和处理事情一样，需要优先级。

（3）初步认识投资工具，如股票、基金、债券、房产等。

（4）所有投资及理财工具背后的真正意义。

（5）信用卡的利弊。

（6）家庭财务安排和子女的关系，如教育基金。

现在的孩子接收的知识庞杂，成熟较早，父母可引用一些身边朋友或社会新闻的事例，教育孩子先花未来钱的严重后果，胡乱使用信用卡的危害，节俭及储蓄的重要性等。父母更可和子女身体力行，一起进行一些小型的投资及理财计划，如小额投资一些股票或基金，让他们了解何谓风险？也让他们了解赚钱难，有斩获的投资更难，之前一定要做足准备及研究功夫，了解大环境经济气氛及各种因素，千万不能受情绪及感性主导，要根据科学分析做出投资决定。

可怕的虚荣心

有人将这些年轻人称为"现在就要一代"，一毕业就让家长给自己买房，别人有什么就想自己也马上拥有……如今，不少家长为了让孩子生活过得更好，总

成龙成凤"成"在家教

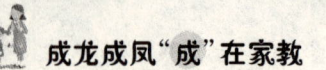

是孩子想要什么就立即想办法满足,即使孩子提的要求超出家长的经济能力,甚至根本不是正常需求,有的家长也会尽量满足。在这样的条件下成长起来的年轻人,总是想要什么就希望得到满足,一刻也不愿"耽误"。

经典事例

前两天,班里的小朋友进行了一场发人深思的对话。对话是参加某一活动的小朋友交 50 元钱引起的。

小朋友甲说:"50 元算什么,100 元我也交得起。"

小朋友乙说:"200 元我也交得起。"

小朋友丙说:"我爸爸给我买了好几百元钱的玩具呢,这点钱算什么?"

小朋友丁说:"我家还有小轿车呢。你家是什么牌子的车?桑塔纳?我每天来幼儿园坐的是 XX 牌豪华车。"

还有一些小朋友说,我家有 3 层楼别墅,我家有摄像机,我家还有……

班主任冯老师说,"听到这段对话心里特别不是滋味"。于是,冯老师把这段对话内容记录在教室后面的"家教园地"里,旁边设了一个"妈妈信箱",请妈妈谈谈看法。

孩子的妈妈们也非常震惊。短短几天,信箱里就塞满了妈妈的反馈。妈妈纷纷反思说:"我们是不是太容易就满足孩子的一切要求了?""我们想给孩子幸福,会不会给孩子的却是大手大脚乱花钱的攀比心理?"

感悟点滴

为什么会产生"现在就要一代"?是孩子不够独立,不珍惜劳动所得;还是妈妈过于溺爱独生子女?

怎样当"00后"孩子的妈妈

现在的青少年普遍都有"现在就要"的心理，但如今不少年轻人依仗妈妈的过度溺爱，想什么就要什么，最后形成习惯，那就很麻烦了。因为不顾一切满足孩子各种需求的家长，不懂得"父母不可能养活孩子一辈子"的简单道理，有可能让孩子逐渐丧失创造价值、造福社会的本事和激情，这是在剥夺孩子靠自己闯天下、争幸福的能力和机会。

在西方教育中，妈妈们往往更推崇"让孩子自己去闯""授之以鱼不如授之以渔"的观念。据说美国前总统里根的儿子失业后，他也没有给予帮助。在这种社会环境下成长起来的孩子，会觉得自己挣来的金钱很体面，更能体现自我能力和价值。

独生子女家庭里，做妈妈的很容易对孩子产生溺爱的心理。面对孩子的不合理要求，出于对孩子的溺爱，妈妈往往选择妥协。

孩子有虚荣心，是心理发育过程中的正常现象，引导好了，虚荣心可以转化为进取心，帮助孩子积极进取。如果不加重视，任其发展，虚荣心将成为孩子成长中的绊脚石。

家庭环境与孩子虚荣心的产生有很大关系。在孩子的虚荣心方面，首先妈妈要以身作则，不要和别人攀比，以免孩子模仿；其次要转移孩子的注意力，培养孩子的其他兴趣，这样孩子可以从其他方面获得成就，从而降低自己的虚荣心；三是要多带孩子去接触社会，让他们了解不同的社会群体；四是要客观地认识自己的孩子，也有助于降低其虚荣心。

其实，适度的虚荣心并不可怕，这是激发孩子见贤思齐、积极进取的内在动力。因此，妈妈要用宽容的心体谅、接纳孩子爱慕虚荣的心理，给孩子的虚荣心留出适当的生存空间。面对孩子的虚荣攀比心理，家长既不用惊慌失措，也不能放手不管，正确引导才是关键。

"难以启齿"的话题

好奇的孩子什么都想知道。在陪伴孩子成长的过程中，我们总是逃不掉这一天，需要认真思考"难以启齿"的种种问题——当初那团粉粉嫩嫩、趴在自己胸前咂嘴巴的小东西，不过就是在转眼之间，就神奇地越长越大，越长越大，一直大到你不得不严肃对待他们的性别特征。

在英文中，这种变化体现得更为明显——在英美语系的国家和地区中，人们在语言交流中使用不含性别色彩的"it"，来指代摇篮里的婴儿。等到孩子直立行走、掌握了一定的生活技能（比如喝水、吃饭、大小便）之后，就开始使用"he"和"she"来分别称呼女童和男童。也就意味着从这个时期起，大家就开始把孩子当作一个有性别的"准成年人"来对待了。

不同的家庭教育，呈现给孩子身为一个"男人"或"女人"不同的生活方式，妈妈应该如何迎接这一教育的挑战？

经典事例

初中二年级的飞飞是个好奇心重的孩子，虽然调皮贪玩，学习成绩一般，但是，他却有个凡事爱问为什么的优点。有一天晚上，他做完作业后，跟爸爸妈妈一块看电视。电视上正在播出《西游记》的第一集，只见在一片荒凉的石头堆里,孙悟空突然从一块石头里蹦了出来。这时,飞飞仿佛明白了什么,说:"原来,孙悟空是这样生出来的。"于是,他不再看电视了,目光也转向别的地方,好像是在想着什么事情。随后,他问妈妈:"妈妈,孙悟空是从石头里蹦出来的,那我是从哪里来的呢?"

感悟点滴

孩子到了四五岁的时候,妈妈都会被问到这个问题,那就是,自己是怎么来的,对于这个问题,几乎每一个妈妈都会遇到,但历来的做法都是瞎编,比如:"捡来的""送子娘娘送来的"等等,再比如"真没羞,问这个"或者"长大了你就知道了"。

家长以为能敷衍过去的问题有可能对孩子产生深远的影响。一是孩子会不信任妈妈,认为妈妈欺骗自己。二是孩子会将这个疑问存在心里,并且遇到有关这方面的问题,永远不向妈妈提起,稍大一些时,在这个问题上,反过来对妈妈持欺骗态度。三是使得这方面问题在孩子心目中显得神秘,刺激了他的好奇心,更加着意去了解和探索,甚至自己去找书或与同伴去研究,这会给坏人以可乘之机。当然也可能导致他怕接触这类问题,而使他将来的情感生活不健全。

这样的结果妈妈一定不愿看到,那么怎么办才是正确的呢?事实上,每一个人都会有不同的解答方式,不能强求一致。农村孩子经常见到动物的活动,妈妈可以结合这个来讲,居住在城市的妈妈也因知识水平和职业不同,对孩子采取的方式也不同,但要掌握一个原则——不能欺骗!事实上,只要一次讲明白了,他以后不会总问的。

爸爸妈妈需要想一个巧妙的答案。仅举一个例子:"你看见这朵花了吗?这个中间的,是妈妈,旁边的是爸爸,爸爸把花粉授给了妈妈,就结了果子。人也是一样的,你就是这个果子,你看,这个花妈妈肚子圆圆的,那就是它的孩子,你先是在妈妈肚子里，很小很小，妈妈吃了好东西，变成营养给了你，你就长大了，就从妈妈肚子里出来了，就是现在的你了。"

总之，对于孩子的问题，妈妈一定不要讲假话，不要骗孩子，但也不必讲得过细。

恋父、恋母早知道

恋母或恋父是儿童常有的心理，是最基本的人际关系，也是最早发生的人际关系，长大以后的各种人际关系都不同程度地受它的影响。可以说，后来的各种人际关系都是这种情结的变形。3～6岁，孩子会出现恋父、恋母情结，进入青春期后，恋母或恋父情结的对象不再是自己的亲生父母，而是父母的替代者，可能是父母的朋友或老师、名人或当红的明星等。随着年龄的增长，恋母情结的对象渐渐年轻化，终于被同龄人所取代，真正意义上的友情和爱情产生了。

经典事例

先讲一个真实的故事。有个小男孩3岁的时候，一次被年轻的妈妈牵着小手去公园玩。当他们走到公园的广场前面时，将要上有十几个阶梯的台阶。就在这个时候，小男孩挣脱了妈妈的手，摇摇摆摆地走到台阶前，想要自己爬上去。看着小男孩用胖胖的小手向上爬，一旁的妈妈没有抱他上去的意思。当爬上两个台阶的时候，小男孩觉得台阶很高，回头看了一眼妈妈。可是，妈妈还是没有伸手去扶他的意思，只是眼睛里充满了慈爱，用鼓励的声音告诉他："对，不要怕！"听了妈妈的话，小男孩抬头向上瞧了瞧，放弃了让妈妈抱的想法，继续手脚并用，小心地向上爬。小男孩爬得很吃力，他的小脸蛋累得通红，衣服上也沾满了尘土，小手脏乎乎的，但是他最终爬完了所有的台阶。这时，妈妈才上前拍了拍小男孩身上的土，然后，她在小男孩那通红的小脸蛋上亲了一口。这个小男孩就是后来的美国总统林肯，而那位妈妈就是南希·汉克斯。

感悟点滴

孩子依恋自己是让很多妈妈感到骄傲的事情，她们一直带着孩子睡觉，一直到孩子七八岁甚至十几岁，孩子很喜欢赖在妈妈身边，甚至要抚摸妈妈的乳房才能入睡。妈妈们在骄傲自己和孩子的亲密关系的时候，却忽略了自己可能在助长孩子的恋母情结，恋母或恋父情结几乎是每个孩子在成长过程中的一种经历，虽然大部分孩子都能顺利地度过这个阶段，但是，如果妈妈无意间助长的话，孩子可能会把恋母情结一直带到成年，造成不利的心理影响。

"恋母情结"如发展过分，会造就不成熟的个性，在成年后还保留浓厚的恋母情结的成人，往往在个性上是极为不成熟的，妈妈的过分爱怜会造成男孩的幼稚、依赖、孤僻、不合群，不会与同龄人交往，缺乏阳刚之气，具体表现在：

（一）不敢承担责任、没有主见、缺乏进取精神

有恋母情结的男人，因为非常害怕失去妈妈的爱，所以一直是试探着母亲的态度，处处希望妈妈满意，抑制自己的要求和愿望。由于过于依附母亲，思维方式和言谈举止都容易女性化。在社会上也是一个懦弱的人，缺乏自主意识。

（二）难以形成稳定的恋爱关系

青年男女在恋爱时，有恋母情结的男人往往有两种表现，一种是表现得循规

蹈矩，按照母亲的标准去寻找恋爱对象；另一种是"花花公子"型，因害怕承担责任而对任何女人都难以长情。

（三）走入婚姻之后难与妻子形成圆满的关系

外表上循规蹈矩的男人结婚之后，在和妻子的关系上往往不融洽，往往过于看重自己的母亲而忽略妻子的感受，往往听不得妻子说一句母亲的坏话，为此，会常常与妻子怄气。夫妻关系的裂痕也会越来越大，最后达到不可收拾的地步。

（四）容易形成自私的个性

有恋母情结的男性，不爱付出，他们习惯于单方面获得，不懂得自己应主动地去为他人服务。

（五）影响心中的男女关系模式

妈妈的强势是造成恋母情结的原因，即使是孩子已经成年，仍然有潜意识要控制孩子的欲望。在婚姻中，父亲的角色也相对弱势，这会影响孩子心中的男女关系模式。在他成年后寻找伴侣时，也会下意识选择跟母亲有些相似的比较强势的女人。而强势的妻子更不能容忍丈夫对母亲的无条件服从，两个强势的女人容易产生激烈的冲突。夹在妻子和母亲之间的男人容易养成压抑的性格。

根据弗洛伊德的观点，"恋母情结"是母亲对儿子的过分爱恋造成的，他说，是母亲的"恋子情结"诱发了儿子的"恋母情结"。而"母子互恋情结"是要特别当心的。它的后果是可怕的，极端的危害是会酿成不正常的母子关系，造成家庭的悲剧。

别给孩子"毒药"了

现代家庭中,孩子都是家庭的中心,一家人都围着孩子转,这种4—2—1的家庭模式,使得绝大多数的孩子成为家庭金字塔中塔尖的"小皇帝",而妈妈过度的溺爱会造成"小皇帝"的自私、懒惰、脆弱等个性,严重阻碍了孩子健康人格的形成,阻碍孩子的健康成长。妈妈对孩子过度溺爱的错误教育方式就像配错药一样,无论以后用什么方式都无法纠正和弥补。对孩子过度溺爱就像一剂毒药,让孩子失去自立性,丧失正常的生活能力。

经典事例

中午一回家,胖乎乎的奇奇已经坐在餐桌前了。

"妈妈,饭呢?怎么还没影子?"奇奇很不高兴。

"饭我已经打包回来了。"妈妈因为感冒,刚从床上爬起来打电话订的外卖。

"怎么又吃外卖啊?我都要吃吐啦。"奇奇开始埋怨。打开外卖盒,一看是饺子,奇奇的脸又拉长了:"老妈,我不想吃水饺!"

"你将就一下吧!"妈妈说。

"我的命可真苦啊!"奇奇埋怨起来,"老妈,我还算不算一个中考生啊?你还算不算一个考妈啊?"

妈妈问："你说说，中考生和考妈要什么样的？"

奇奇趴到妈妈耳边说："老妈，我告诉你，中考生要享受这样的待遇：比如我们班小琳同学，每天放学时她妈的车就停在校门口路边，车门都开好了，只等小琳一上车就往家开，她家离学校多远？走路十五分钟，开车五分钟，开车接就是为了节省十分钟。小琳一到家，煲好的汤盛在桌上，汤要一周不重样，什么鸡骨草煲龙骨呀，什么茶树菇炖老鸡呀……饭菜在桌上准备就绪，一荤一素一汤，水果一盘，小琳进家门就奔餐桌，吃饭二十分钟，吃完饭就睡觉。中午休息一小时，下午和晚上神清气爽，斗志昂扬！老妈，你天天给我吃外卖，我怎么跟小琳他们竞争呢？"

奇奇又说："对于我来说，中考实在太重要了！老妈你这点都不能为我付出吗？"

儿子的问题，妈妈无法回答，她从心底里发凉，她不知道奇奇为什么会变成这样一点也不体恤自己的艰辛，像个小皇帝似的整天操纵自己，恨不得自己一天24小时都围着他团团转，还一点感恩之心都没有。

感悟点滴

像奇奇这样的孩子在现代家庭中并不少见，奇奇明白，妈妈对自己的最大希望就是考高分，就是上重点中学、重点大学，至于其他一切都可以不考虑。一些孩子知道自己达不到妈妈给自己树立的目标，因而变得心灰意懒，玩世不恭，不再关心别人，也不懂得爱别人了。于是，他们就以学习的名义，无休止地向妈妈勒索，恨不得妈妈24小时都围着自己转，而那些把孩子成绩看得比自己命还重要的妈妈，也心甘情愿受孩子的操纵，久而久之，孩子认为这些是妈妈应该做的，是妈妈欠他们的，谁让他们做自己的妈妈呢？所以，孩子就像小皇帝一样有恃无恐，根本不理会妈妈的艰辛。

孩子变成这样，都是母亲自己因为溺爱孩子而酿造的苦酒。现在有很多妈妈认为，自己有责任保护孩子，让孩子免遭任何挫折和困难，因而他们包揽了孩子除学习以外的所有事情。然而，这种对孩子的过度保护，实际上就是将孩子与现实隔离开了，因而剥夺了孩子对自己动手处理问题能力的体验，而这种体验是孩子形成责任感和上进心的原动力。很多妈妈像奇奇妈妈这样因为工作繁重而无暇考虑家庭教育的方法，不懂得让孩子处理自己的事情对孩子成长的重要性，所以忽视了培养孩子自己动手的能力。

孩子在过度宠爱的环境中成长，不知不觉就变成了小皇帝。小皇帝们觉得只有让妈妈围着自己团团转，满足自己的所有需求，才会感到自己的重要性。否则，他们总觉得妈妈还欠他们的。长期的颐指气使，将他们锻炼成了人精，因而他们经常用自己所有的精力去操纵妈妈，以便妈妈竭尽全力满足他们的所有愿望。他们从没想过要提高自己的能力，只是想如何来逃避自己的责任。因此，妈妈的溺爱不可能将孩子培养成有能力和有责任感的人。

妈妈都爱自己的孩子，可是妈妈的爱爱对了吗？除开学习，他们包揽了孩子应做而且会做的事情，这种溺爱实际上是剥夺了孩子体验除了学习以外的其他生活的权利。由于分数至上，再加上缺乏自己对生活的体验，所以孩子就养成了只会享受，不知奉献的习惯；在他们的心中只有自己，没有妈妈，更没有其他人；在情感世界中他们只关注自己，不知体谅别人。然而在妈妈眼里，只要是得了高分，他们就是最棒的孩子，自己辛苦一点无所谓。

其实，妈妈尽量减少包揽那些孩子能做而且应该做的事情，反而能让孩子体验到自己动手解决问题后的成就感。这也是给孩子创造机会，培养孩子的责任感和上进心。随着孩子的成长，妈妈应学会及时松手，让孩子自己向前跑。事实上，高情商的妈妈都会给孩子创造自由成长的空间，让孩子无论是在游戏与阅读还是在与人交往的过程中，自我吸取成长的养分，使他们自然地掌握做一个社会

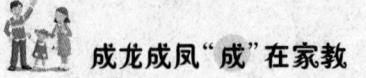

人的知识。正是因为妈妈没有手把手地教，没有溺爱与控制，孩子能顺从天性，少了价值观方面的矛盾冲突，多了一份自我成长的快乐和自我探索的勇气。年轻妈妈们，别让母爱成了"毒药"！

iPad 的悲剧别重演

有这样的报道，为了买 iPad，17 岁的小男孩卖掉了自己的一个肾脏；为赚零花钱，个别女孩不惜出卖身体，并将这种"致富"之道推销给同学、好友。当拜金、虚荣这些成人世界的"病毒"开始入侵未成年人时，学校老师和妈妈们也备生忧虑——

很多年轻的妈妈常有这样的尴尬：学校老师和自己苦口婆心建立的价值观，很容易被孩子身边一个同学或好友的不良言行颠覆。

经典事例

赵女士的家里最近遇到了教育困难。赵女士在国企工作，收入一般，她给读高一的女儿配了一部联想牌手机。本以为足以应对平时生活之需，但母女俩却多次因为这部手机发生争执。女儿认为用国产手机很没有面子，在同学前面抬不起头来。在她的班级里，很多同学手里都有 iphone5。

家长们小心翼翼地承担着教育者的责任，"监视"孩子的手机、阅读刊物、网上浏览的信息，以及孩子在学校结交的同学、在校外参加的社会活动……他们发现：比起自己的苦口婆心和学校老师的说教，孩子更容易受到同伴影响。"如果班级的很多同学都不愁零花钱、对衣着和吃穿有要求，我又如何能让女儿成为一个懂得量入为出，追求完善自我的人。"

让赵女士纠结的还不是该不该掏几千元买个"苹果"，而是一种教育方略的调整。在这位母亲看来，不管家境如何，女孩子最忌贪慕虚荣，"一旦性格上有这个弱点，以后就容易受骗上当"。但眼下，赵女士也不得不考虑身边同事给她的另一种忠告：女孩子要适当"富养"，管得太紧，更容易滋生对物质和财富的贪恋，容易走向歧途。但她仍然将信将疑：如果要"富养"孩子，那么在多大程度上满足她的物欲才算足够？

赵女士的疑惑，在中学生家长群体中非常普遍。当"金钱至上""宁在宝马里哭，不在自行车上笑"逐渐成为当下社会很多成年人的处事准则时，家庭和学校教育要如何建筑高高的围墙，让孩子接受"非淡泊无以明志，非宁静无以致远"的古训，不至于成为物质和金钱的奴隶？

感悟点滴

所有妈妈都不希望孩子"拜金"、沦为物质主义者和享乐主义者，首要一条是防止孩子接触太多的商业广告。孩子在占有物质、追求享乐的过程中，将倾向于关注他人而非自我。拿他人作比较，从而滋生出嫉妒和恨，这种负面情绪很容易把未成年人引向歧途。

一些未成年人之所以追求物质享受，贪恋金钱与富贵，与妈妈长期的教养不当有关。

很多妈妈过分直接地将物质奖励和孩子的学业表现挂钩，或者过分溺爱孩子，要什么给什么。无论是"买入"动机和"买入"时间，都是一个大问题：

很容易让孩子为了占有物品而学习。长此以往，孩子会丧失对学习的兴趣，对物质的贪恋进一步加剧，精神层面的追求则消失殆尽。妈妈给孩子提供的最好养料，应该是精神层面的满足，而非物质上的逢迎。出现在孩子身上的问题，很大程度上是妈妈的问题，或者说，是家庭教育或学校教育的缺位。

华东政法大学教授姚建龙在调研时发现，一些少女为了金钱，逐步走向性犯罪的道路。她们大多是中学生，集中于中专和职业技术学校。是什么制造了这些"迷途羔羊"？姚建龙认为，"除了交友不慎、校风问题外，社会整体道德水准的滑坡，对今天的孩子产生了很大的负面影响"。未成年人的是非观和道德感还比较模糊，很容易临渊失足。假设一名少女，她身边的不少同学和朋友都认为用自己的肉体去兑换金钱没什么可耻，或者在她的结交群体中，有人通过不当手段获得金钱，大肆消费、享乐，在炫耀中获得一片赞誉。这种情况下，一旦学校和家庭教育缺位，未成年女孩的羞耻心就很容易在同伴的影响下被消解。法律专家认为，挽救更多徘徊在道德边缘的未成年人，从法律和制度层面作出一些调整，或是可行的一步。妈妈要多了解孩子的生活，如果发现孩子有不良的苗头，要及时进行教育，引导孩子建立积极向上的价值观。

第五章　给孩子的礼物

爸爸妈妈都深爱着自己的孩子，忙碌的工作、辛苦的奔波，挣钱养家，想要把世间一切美好的东西都送给孩子，舒适的环境、无尽的财富、名誉和地位，对孩子而言，这些是好礼物吗？也许孩子需要的，只是一些陪伴、一点指引、一幅图画或者一首歌谣。

种子、园丁和果实

有些妈妈总是害怕孩子落后,她们这样认为:"首先,数学和英语是必须学的,在素质教育里,美术和音乐也是不可缺少的。"在这么多的选择中,最后妈妈们做出了决定:"能学的都要学!"但是,妈妈让学的东西,并不一定都是孩子想学的。对孩子来说,他们有自己的喜好。那么,妈妈们究竟应该如何做呢?

经典事例

"说过多少遍了,这道题应该这样回答!昨天刚教你的,怎么又错了?"

"妈妈,我讨厌做作业,让我玩一会儿再做行吗?"

"不要吵!你今天不把这些题目都做完就别想玩!"

随着孩子的长大,妈妈的烦恼接踵而至。年轻妈妈最关心的话题就是"孩子的教育"。关于孩子的教育问题,妈妈们有很多的疑问。

"应该在什么时候教育孩子?怎么教育?教育什么?"

有些妈妈总是害怕孩子落后,她们这样认为:"首先,数学和英语是必须学的,在素质教育上,美术和音乐也是不可缺少的。"在这么多的选择中,最后妈妈们做出了决定:"能学的都要学。"

但是,妈妈有没有问过孩子,这些东西孩子想学吗?对孩子来说,他们有自己的喜好。而完全把孩子托付给老师,妈妈又心有不甘。

爱比较也是妈妈的通病，生怕一个不小心，孩子就落后了。刚一听说邻居家的孩子已经学完了日语，正在学英语，妈妈们就又开始坐不住了，也开始逼迫自己的孩子学各国语言，最终将一个和气的家变成了争吵的战场。

长此以往，妈妈也变得疲惫不堪。在孩子的脑海里也形成了"学习没意思"的印象，同时会打上"妈妈很可怕"的烙印。那么，妈妈们究竟应该如何做呢？

感悟点滴

《花的渴望》讲诉了这样一个童话故事，主人公小毛毛虫想离开大地，去一个离蓝天更近的地方。同伴们为了接近天空，纷纷踩着同伴的身体向上爬，结果形成了一个用身体垒成的塔，于是他也踏着同伴的身体，拼命地往塔尖上爬。但是，无论怎样用力都爬不上去，最后他放弃了努力，又回到了地面上。

后来，他听到一位老前辈说，如果自己做一个虫茧，在里面经过漫长的等待，最后就会变成一只蝴蝶，可以自由自在地飞向蓝天。于是小毛毛虫从正在拼命向上爬的同伴中脱离出来，开始为自己编织虫茧，经过漫长的等待，他终于破茧而出，成为有着一双美丽翅膀的蝴蝶，自由地遨游在天空之中。

小毛毛虫破茧成蝶，是一个很漫长的过程，也是毛毛虫寻找自己翅膀所必须经历的时间。如果他选择放弃、踌躇不前，或者急于求成，将永远摆脱不了做虫子的宿命。

妈妈们应该相信，其实孩子就像故事里的毛毛虫一样，他所蕴藏的力量远远超出了大人的想象。而现在有一些妈妈往往只看到孩子的一点表现，就妄下结论，急于求成。

我们都有这样的经验，人们在种树的时候，为了让树苗能够深深地扎根，会少施一点肥料，然后等着树苗去适应土壤和肥料。如果给树苗一下子施很多化肥，即使是再好的肥料，树根也会整个烂掉。别说长大成材，连小树苗都会干枯而死。

成龙成凤"成"在家教

所以妈妈们请放下不安和急躁，要相信孩子们的才能，多给孩子鼓励，更加耐心地去等待他们的蜕变。

孩子的才艺是妈妈们谈论最多的话题之一，"我的孩子英语非常好""我的孩子正在学钢琴"……妈妈们总是认为让孩子学这学那才算是一个好妈妈，并且以孩子的多才多艺而感到骄傲。

妈妈的这些做法，究竟是为了孩子，还是为了满足自己呢？当然，世上所有的妈妈都会认为自己所做的事情都是为了孩子而不是为了自己。如果说她们把孩子当作"展示品"，她们一定会暴跳如雷的。

为了不让妈妈生气，孩子们不得不做一些他们不喜欢的事。英语、数学，写作、计算机、美术、音乐……妈妈们恨不得每一样都让孩子学。现在的大部分孩子都多才多艺，可是却很少有孩子精通其中一门。

孩子最不愿被比较，在同别人的比较中，所产生的受害意识逐渐转化成了"恨"。"要是我当初学习再努力一点……""如果当年我努力考取律师资格……"，可是，这个世界上是没有"后悔药"的。

妈妈认为，孩子是自己生命的延续，在妈妈的眼里，年幼无知的孩子的前途尚未确定，妈妈可以让自己的理想在他们的身上得以实现。于是，孩子们只剩下妈妈给他们选择的一条路了，那就是要过上令别人羡慕的生活，补偿现在的贫穷。不知不觉中，妈妈迷失了自己，也扼杀了孩子的自由成长。

请妈妈不要忘记，孩子们有自己的生活，他们有选择自己生活的权利。

不管什么事情，孩子只要认真去做就可以成功，很多年轻的妈妈会这样错误地认为。因为现在孩子还不知道应该怎么做，所以应当由妈妈决定。实际上，这是一个很危险的想法。当然认真做事情是没有错的，但是这件事情应当由孩子自己去选择、去决定。

妈妈在对孩子提要求前，一定要考虑这件事是孩子喜欢做的，还是不喜欢做的。不要自以为对孩子前程有好处而将自己的意愿强加给孩子。

妈妈的教育固然重要，但是，妈妈不要认为自己努力了就可以把孩子培养成多么优秀的人才。孩子的成长过程，不是拼图游戏，可以一块块尝试着去拼。如果妈妈一味地强迫孩子做不喜欢做的事，孩子就会产生抵触情绪，最终的结局只能是妈妈心力交瘁，孩子疲惫不堪，而且妈妈和孩子之间的关系还会出现裂痕。

类似的问题还有许多。在孩子面临未来的选择时，孩子应该有权力自己去选择。然而，有的妈妈觉得已经为孩子做得够多了，现在孩子应该按照妈妈的愿望去成长，相信每位妈妈都明白，妈妈和孩子之间不是"我给了你多少，你就要报答我多少"的等价交换关系。

孩子的生活要靠自己去完成，妈妈不能代替孩子生活，同样，孩子也不能再给妈妈一次人生。妈妈有妈妈的生活，孩子有孩子的生活。

这就如同培植一棵幼苗，要想让幼苗长成栋梁之才，需要有足够的养分、充足的阳光和适当的风雨。妈妈的作用就是当幼苗需要水时，给它们浇水；遇到风雨时，为它们抵挡。但是，幼苗不会按照人的想法想成为苹果树就成为苹果树，想成为梨树就成为梨树。孩子和幼苗一样，不是妈妈固执的想法就能改变的。

帮助孩子找兴趣

孩子的性格各有不同，如果让一个天性肆意的孩子去学围棋，或是让一个天性内敛的孩子去学习表演，就会无形中为孩子平添不少压力。作为一个有眼光的妈妈，不妨让孩子按照他固有的个性来发展自己。

研究发现，孩子的性格特点和学习风格在他6个月时就开始显露，到3~4岁会越发明显。应该按照孩子的个性进行才艺培养。这样他不仅能享受快乐，也省却了父母的操心。更重要的是，他还能做出一些成绩来。作为父母，又何乐而不为呢？

经典事例

达尔文从小就对昆虫感兴趣，发现一只陌生的小昆虫，就如获至宝，趴在地上一看就是一两个小时，简直入了迷。正是在这样的兴趣推动下，他历尽艰辛，周游世界，考察生物，经过三十多年的辛苦研究，终于写成《物种起源》，闻名于世。爱因斯坦从小就对他感兴趣的事情废寝忘食地努力钻研。他四五岁时，就对指南针产生兴趣，他长时间摆弄它，惊异那小针为什么总是指向同一方向。他还能一次又一次不厌其烦地搭积木，直到把又高又尖的"钟楼"搭好为止。正是这种浓厚的兴趣和伴之而来的思索、追求，使他成为世界伟大的物理学家。

美国著名发明家爱迪生，小时候并不聪明，但他对一切都充满了好奇心，喜欢刨根问底。比如，他曾学母鸡的样子趴在草丛里孵蛋，因为他好奇母鸡为什么用体温能孵出小鸡，而人却不行？他看见小鸟在天空中飞翔，联想到家中做面包的发酵粉能产生气泡，让面包变轻变软。人要是吃了发酵粉，是否也能使身体变轻，像鸟一样飞上天呢？因为爱迪生凡事都充满好奇的性格，他从一架儿童玩具中得到启发，如果把照片连起来快速移动，就会在眼中构成连续的动作，因此发明了电影放映机。爱迪生一生发明无数，像留声机、电灯等。这些发明强烈地冲击着现代文明，使人类进入到一个崭新的生存境界。

感悟点滴

性格不同的孩子，妈妈应该如何选择不同的才艺呢？

（一）喜欢安静：适宜学围棋

1. 识别方法

性格安静的孩子，特别喜欢比较，善于观察，譬如他能发现，妈妈包的饺子和奶奶不一样。所以像拼图一类的游戏，足以让他快乐地摆弄上几个小时。

2. 提示

这类孩子有耐心的个性和细致的观察力，还有比较好的逻辑思维能力。他们总是不经意地去探索和寻找事物之间的联系。所以，父母应不断培养他的严谨和较真的个性，可以让他参加围棋、数学或科学实验等兴趣班。平时，如果孩子提出问题，也应尽可能给一个他合情合理的答案。

（二）喜欢服饰：适宜学绘画

1. 识别方法

喜欢服饰的孩子多对收集漂亮的布娃娃感兴趣，还喜欢挑选自己穿着的服饰，常会对自认为不好看的衣服拒绝穿着！

2. 提示

这类孩子在学习时，如果为他们配上鲜艳图片或者绚烂视频，强烈的视觉刺激会让他立即进入状态，在形象的世界里，他会感到特别舒心。这类孩子最好让他们去绘画、雕塑或儿童模特队等兴趣班学习。

（三）喜欢动手：适宜学书法

1. 识别方法

动手能力强的孩子都比较有耐心，并能完成技巧较高的活动，如拆装汽车、串珠子等，虽然这类活动在孩子们的游戏中常常进行，但只有为数不多的孩子能坚持到完成任务。

2. 提示

这是一类难得的孩子，只要在正确引导，成人后都有认真、细致的态度，这是做任何事情的基础。可以让他们参加一些手工方面的兴趣班，如书法、编织、珠算等，帮助他们在拓展个性的同时，学到一些技能。

（四）喜欢说话：适宜学声乐

1. 识别方法

有旋律的音乐会引起孩子的兴趣，常会啊、啊地叫，并挥舞小手。有时突然听到电视里传来一段音乐，立即会跟着唱起来。这类孩子一般开口说话比较早，并且喜欢学说大人的话。

2. 提示

这类孩子的思维模式是由声音带动的，他喜欢利用声音学习。在传统的教学模式中，大部分老师都是通过口授进行教学，这对于听觉学习型的孩子是十分有益的。他们比较适宜学故事、相声、声乐或钢琴。

（五）喜欢模仿：适宜学表演

1. 识别方法

这类孩子不认生，在人越多的场合，表现得越活跃，越希望自己是主角。当然这些孩子也有能够吸引更多人注意力的能力，譬如丰富的表情、手舞足蹈的样子以及高亢的声音等。

2. 提示

如果孩子已经上幼儿园了，父母应和老师沟通，不妨在适当的时机给孩子表现的舞台，只要能给孩子一次在正式的公众场合得到认可的机会，他就能更自信地对待自己。这类孩子适宜到表演、主持、舞蹈等兴趣班去学习。

（六）喜欢打闹：适宜学武术

1. 识别方法

这类孩子一刻也不愿停下来，被认为是最有活力的，他们好动，注意力也不够集中，常常不是在跑就是在跳，即使在吃饭的小小间隙也不消停。他们无论是爬还是走路一般都要比其他孩子早。

2. 提示

这类被称为触觉学习型的孩子，在传统教学模式中很吃亏。但是他的动作协调能力较强，适当地让他们参加跆拳道、武术和游泳等兴趣班的话，反而有利于他们日常安静地学习。

少点规则，多点涂鸦

绘画在人类文明之初就已存在，作为一种符号表征形式，是人类心智发展的重要成就之一，也是孩子认识世界、进行交流的手段与工具。绘画有自己的内在逻辑和表达方式，绘画中蕴涵着孩子们的思想与活动。孩子随意画下的一根线条，一个图案、一种色彩，都是通向孩子内心世界的地图。

颜色可以帮助妈妈分析孩子的性格。喜欢用一些很强烈的颜色的孩子多体力充沛，热情四射，做事情很有激情，极具领导才能，缺点是没有什么耐性，妈妈应该多进行适当得体的夸奖与称赞；下笔较轻，喜欢用蓝色和黑色，色调也较单

成龙成凤"成"在家教

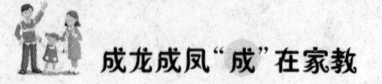

调的孩子则感情很含蓄也很敏感,喜欢独自思考,在人际交往上比较被动,但是记忆力很好,知道关怀他人,妈妈应该多带孩子去参加社交活动,培养他们的社交能力。

经典事例

孩子的画很难懂。一个孩子,用黑色的画笔把一整张白纸涂得漆黑一片,谁也不会知道他画的究竟是什么。妈妈面对"不知所云"的作品,没有训斥,而是非常诚恳地询问,孩子想了一下,非常认真地用小手指着他的"作品",一本正经地解释道:"在一片大树林里,有小狗、小猫、小松鼠、小白兔、小公鸡、小鸭子、小燕子、小麻雀……好多好多小动物。它们聚在一起,非常高兴,又是唱歌,又是跳舞,它们唱累了,跳累了,太阳下山了,天黑了,它们就呼呼地睡觉了……"

谁能想到,那"漆黑一片"的作品中,竟然包含着那么精彩的故事!孩子的想象力是那样的新奇、丰富,而且表现手法还相当独特,富有创造性!让人庆幸的是,这位家长是孩子的"知音",是教育的有心人,非常尊重孩子,没有简单粗暴地贬斥孩子那让人一头雾水的绘画"作品",从而发现并有效地保护了孩子的想象力和创造力。

"涂鸦"是孩子进行想象的手段,是发展想象力的途径。保护"涂鸦",就是保护想象,赏识"涂鸦",就是鼓励想象。面对孩子的"涂鸦",不要禁止,不要过早地给孩子以绘画的"规则",要知道,想象力要比绘画技巧重要得多,要让孩子展开想象的翅膀,尽情地去想象。

感悟点滴

孩子在两三岁的时候，最喜欢乱涂乱画。而孩子的涂鸦期也非常关键。涂鸦是孩子进行想象的手段，涂鸦和语言一样传递着孩子的情绪与感觉，通过涂鸦，孩子不受任何限制地根据他的直觉挥洒他的创意，从中获得创作的乐趣与成就感。在有些妈妈看来，孩子的涂鸦似乎没有任何价值，他们更不明白孩子用彩笔究竟想要表达什么，但涂鸦客观上对孩子手、眼、脑的协调配合，增强脑、眼对手的指挥能力，有着巨大的促进作用。这种作用，是其他活动所不能替代的。

过去的孩子，小时候可以在田野里嬉戏玩耍，体验自然，感受世界，那份淳朴和纯真，是现在生活在高楼林立的水泥森林里的孩子所无法体会到的最珍贵的东西。尽管现在的物质水平提高了，给孩子们带来了许多高科技的东西，电视机、电脑、电动玩具等成为孩子们的玩伴，他们过早地接受大人的思维方式和行为准则，也失去了很多宝贵的经历。

妈妈可以试试美术式思维。美术式思维就是指通过美术游戏，让孩子学会如何思考，以培养他们良好的个性、塑造美好的情绪以及发展想象和创造力。它有别于传统的美术教育，不单纯追求美术技巧和效果，而在于通过美术获得思维方式的培养和提升。换句话说，美术式教育的核心理念在于"创意力"的培养。说到"创意力"，很多人并不理解，我们不能简单地把它理解为"天马行空的想象力"。创意力绝不是一种"空想"或者"幻想"，而是一种综合能力的概述。简而言之，就是一种"可以多角度发现问题和解决问题的能力"。说到这里，我们就可以理解，为什么现在的社会如此追求"创意力"和"创造性"人才。而"创意力"最初产生萌芽，应该得到培养和发展的阶段恰恰是2~7岁的儿童期，这是儿童的身体和生理的发育规律，也就是说，2~7岁这个年龄阶段是儿童发展"创意力"的最好时机。

"美术情景剧——漫天飞雪"就充满了创意：

"让我们听听报纸的声音吧！"——原来报纸能发出不同的响声：轻轻搔它的痒它会发出"吱吱"声；使劲摇它，它会发出"咔咔"声。

我们再沿着报纸有齿的一边，"哧啦哧啦"把它撕成条。"像狗尾巴！""像面条！""像妈妈的长头发！"……一会儿，地上就铺满了报纸。

"我们再把报纸扬起来看看像什么？"顿时，整个小房间飘飘扬扬——就像下雪！下雪啦！下雪啦！哈，太有趣了，以前可没这样玩过啊！

我们再来"打雪仗"，把妈妈埋在"雪地"里。"一起来堆雪人吧！"用报纸堆雪人，这可是破天荒头一回！

报纸真是太习以为常的东西了，但我们还没这么仔细地注意过它的形状、颜色、气味、声音、触感呢！所以这一美术情景剧很能激发孩子的新奇感。特别是在"下雪"这个环节中，孩子会玩得很疯，在这个基础上再启发他将报纸变形，利用胶带彩纸等饰物做自己想做的东西，能很好地培养孩子的想象力、创造力，也有利于培养孩子的思考习惯。

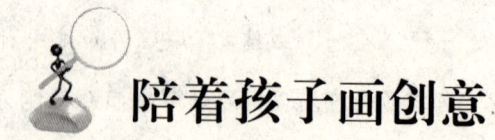

陪着孩子画创意

在儿童教育中，有一种叫做创意美术的方式，它是主要通过不同的材料，通过美术的方式，让孩子"抒发"自己心中所想，激发幼儿表达欲望；或者通过绘画游戏,以基本造型元素和色彩刺激幼儿视觉、听觉、嗅觉、触觉等感官,激发幼儿对美术的兴趣,形成对"美"的初步感悟。对于妈妈来说,在家一样可以陪孩子"玩"创意美术。

经典事例

小豆豆很喜欢画画。画一个长长的,说自己画的是枪,又画了一个弯的,说自己画的是刀,这些在大人看来都是没有意义的东西,但他却是乐此不疲。一会儿,孩子画了一个妈妈看不出是什么的东西,骄傲地给妈妈看:"妈妈,你看,我画的是月亮。"妈妈看了一下,根本就不是什么月亮,只是随手画了几个圆不圆、圈不圈的图形。但是如果连几下,倒还像是个月亮,于是,妈妈拿起另一支笔,在他的画上改了几下,把几个弯给连上自以为画了一个不错的月亮,还告诉他,这才是月亮,这里要连起来。然后又自作主张地往孩子的图画上面画上了几颗星星,还告诉孩子,星星要在月亮旁边,画得要小一些。

妈妈以为,修改过的画才能看出来是什么,豆豆一定会喜欢,可没想到豆豆一看妈妈画的,说:"不,你画的不对,我画的才是月亮,我这画的是月亮在跳舞,我不要你画的,要我以前那个。"

妈妈只好告诉豆豆:"彩色笔画的不可以擦去。铅笔画的才可以擦掉的,你自己再画一个好不好?"豆豆极不情愿地翻了另一张纸。可他再也画不成刚才的样子了,因为那幅本来就是他随手涂的呀。这下,豆豆可不干了。对妈妈说:"我就要刚才那个,我要我画的那个。"

妈妈只能再跟他讲:"不行的话你自己再画个别的吧。""不行,我要我的月亮,我画不成了……"小家伙越说越急,急得哭了起来。妈妈觉得这种小事不值得发这么大的脾气呀,哄了一会儿还是不行,对豆豆吼了起了。豆豆抹着眼泪说,抽泣着说:"我就是想要刚才那个,我画不成了。"妈妈突然意识到自己挺过分的，孩子自己认为的得意之作让我给"糟蹋"了，自己又不能还原一幅，本来就挺委屈的，还在这里还对他大吼大叫的，实在是不妥。

于是，妈妈再次轻声地对儿子说："宝贝，这样吧，这个改不了了，你重新画个别的吧。但从今以后，你自己画了，妈妈不再给你改了，你认为你画得漂亮，妈妈肯定不给你改了，你让妈妈给你画别的，妈妈再画，这样子好不好？"好话说了一大堆，豆豆终于原谅妈妈了。以后豆豆的大作妈妈再不随意修改了。

感悟点滴

很多望子成龙的妈妈一看孩子爱上了画笔，就觉得自己的孩子一定有绘画天赋，绝不能浪费，赶紧报个班，最好能考个级，为将来升学增加点"分量"。但是不少教学专家却建议，12岁前，孩子不适合美术考级。

（一）孩子涂鸦敏感期的信号

孩子爱上画笔当然可能是天赋，但更多的可能却是他的绘画敏感期来了。科学家早就发现，孩子从三四岁就开始进入画画敏感期。孩子在画画敏感期到来时，往往通过涂鸦和画各种画来表达自己的感情。这是孩子在表达能力不够完善时的一个补充，也是孩子充分发挥自己想象力和儿童独有创意的一种方式。在这个时候，妈妈该做的就是陪着孩子"玩"画画。

上海现代儿童美术馆馆长薛文彪从事创意美术教育多年，他说，"儿童美术的最大价值在于创造，而非技巧"。在他看来，儿童应该在12岁以后才开始学习素描、速写、造型、明暗这些传统美术基本功，过早学习没有意义。"儿童跟成人不一样，儿童阶段的基础应该是：色彩、构图、认知、大胆表现，以及掌握各种绘画工具和材料，包括水彩、水粉、油画、炭笔、水墨等等。"中国美术家协会少儿美术艺委会委员陈发奎同样认为，儿童绘画是最典型的直觉反映，在诸多印象面前适当引导，使儿童一开始就进入创作成为可能。陈发奎赞同儿童画的

"不似之似"："不似为欺世"是不符合印象和感受，"太似为媚俗"又有过于理性和概念化之嫌，缺乏童趣和艺术意味。

（二）在西方，创意美术＝自由绘画

提及儿童创意美术，来自法国南锡高等艺术学院的保罗·德沃图教授一脸茫然，但当他看过几个孩子的作品后，捧出一本1938年出版的名为《自由绘画》的法国书籍——作者Elise Freinet和她先生一起开创了法国一种很有名的教育方法：自由绘画。

保罗先生介绍说："自由绘画就是提倡不具体教孩子们画什么，让他们自由发挥。"他以前在法国教过孩子的课，老师每节课会指定用一种工具来完成一个作品，没有任何限制，宗旨是鼓励学生多元化创造，跟别人不同。老师引导的作用，是避免孩子们做出雷同的东西。"自由绘画主要是培养孩子的兴趣，如果孩子们真的对绘画有兴趣，可以另外报很专业的班去学素描、水彩什么的。"这跟薛文彪馆长的理念不谋而合。"自由绘画刚出来时，很多家长不理解，认为不严肃。但在法国，当年的孩子现在已经成为家长，完全能接受这种教育方法。自由绘画，可以说已经根植于他们的思想中，因为它可以'唤醒'人们的创造力。"

在艺术之都法国，即便是现在的美术学院也已经完全摒除了传统美术的概念。"传统美术不能说是没有地位或不存在，而是退为多样化选择的一种。最高境界是你的创意，然后从创意出发，选择你所需要学习的传统美术。"在法国，绘画的"基本功"不是素描，不是水彩，而是创意。"如果一个孩子想画一辆卡车，他总会找到自己的办法，可能不是传统常规的做法，但很可能因为不用传统方式反而产生了意想不到的创意。"保罗教授目前在上海致力于中法文化的交流，他坦言自己目前看到的大量作品，实在是太过"千篇一律"。缺乏创意的根源，从中国课堂上的美术教育就可见一斑，整齐划一的石膏绘画，在他看来是不可想象的。"中国现在的美术教育用的还是徐悲鸿、刘海粟一代从欧洲带回来的那套，其实，欧洲早就发生了翻天覆地的变化。"

薛文彪馆长认为："创意美术（或自由绘画）的优势在于：单一地学习绘画技巧，是很狭窄的一条道路，而创意美术是为了带给孩子一种对生活的领悟和感知，一种解决问题的办法，这可以运用到以后工作中的任何领域，受用一生。也许不会每个孩子都成为很有创意的人，但至少可以成为很有感觉的人——懂得欣赏各种艺术作品，有自己独特的眼光，这是为提高生活质量，而不是谋生手段。"

（三）陪着孩子"玩"画画

比起传统美术，创意美术的另一大优势就是：孩子们可以不用参加培训，回家自己DIY。

对待小一点的孩子，妈妈可以用游戏快乐导入，将包、椅子之类的物体用拓印的方式在纸上"画"下来，让孩子们在不规则的"面"上添加数笔，最终成为不同的动物、人物、事物，这种想象有序，有目标，有故事情景。大一点的孩子可以玩"立体借形"，比方说，一只鞋子，鞋帮像不像一个大嘴巴？再加上两只眼睛，又像什么了？任何一种物体都可以让孩子们想办法"改造"。

创意美术可以选用任意的物品做画笔。用各种树叶的背面作画，用纸揉成一团当画笔，慢慢地在画纸上印上各种花纹，也可以用各种水果或者蔬菜的切面当画笔；还可以用手指印上图案，然后再在手指印上画上各种"配件"。

其实，自由绘画甚至只把画纸作为绘画的工具之一。保罗教授建议说，每次可以采用一些吸引孩子的小方法，比如将一个苹果切一半，便可以成为一次创作的工具，不用给孩子任何限定。孩子可以在苹果上涂不同颜色，甚至做印章，目的是引起孩子的兴趣。培养孩子的创意，妈妈最该做什么？"家里常备白纸以及各种工具，让孩子有想法的时候可以马上开始创作，当孩子拿着他的作品给你看的时候，不要问这是什么，这个不像什么，永远要鼓励他。"保罗教授如是说。如果要挑选一些"教材"，可以选择日本的《玩美幼教系列》中的美术篇、《跟着安柏利大师学画画》等。当然，如果要使用这些书，还是必须妈妈先看了再引导孩子一起"玩"，而不是让孩子简单地照着书上画。妈妈还可以引导孩子进行一些美术欣赏，接触和掌握各类绘画工具和材质。

其实每个孩子都是天生的画家

如果把"笔"作为学习的象征，几乎每个孩子人生中拿起的第一支笔，便是画笔。很多妈妈都认为，画画是最容易学，也最容易出成果的一项兴趣学习，所以乐此不疲地在孩子年幼时就给他报画画班，家里的墙壁上也贴满了孩子各种各样的"作品"。怎样才能让孩子画得既有成果，又有乐趣。

经典事例

桐妈一直主张宝宝的艺术气质要从小开始培养，所以经常会带桐宝去画廊或美术馆参观。那天，桐爸、桐妈带桐宝去公园散步，正赶上公园举办雕塑展，桐妈便兴致勃勃地拉着心不甘情不愿的桐爸和心不在焉的桐宝前去观看。雕塑展所展出的大部分作品是欧洲风格的雕塑，桐爸看得索然无味，而桐宝却表现出浓厚的兴趣，这让桐妈很是兴奋："老公，你看儿子看得多专注啊！我说得没错吧，艺术教育要从小抓起……"话音未落，桐宝已向一尊赤裸着上身的女性雕塑扑去："吃奶奶……"桐妈顿时无语。

成龙成凤"成"在家教

感悟点滴

大多数的妈妈都希望孩子德智体美全面发展，琴棋书画无所不通。那么关于如何教孩子学画的问题有什么心得呢？

（一）为宝宝开辟一个随心所欲涂鸦的空间

每个宝宝都是天生的小画家，他们喜欢信手涂鸦，墙壁、家具、书本、衣服……都可能成为他们尽情挥洒的"画布"，有的妈妈会因此而阻止宝宝们的"创作"，这是万万不可的，也许正是因为您今天的阻拦扼杀了一位明天的"大师"。那么，难道干净的墙壁和宝宝的绘画热情真的就是"鱼和熊掌"不可兼得吗？其实并非如此，起初孩子学画时也是信手随心地满屋乱画，妈妈可以专门为孩子开辟出了一块"绘画专区"，在墙上贴上一张足够大的纸，让孩子在规定范围内自由涂抹。这样一来，既解决了墙面物品的清洁问题，也为孩子的涂鸦提供了充足便利。

（二）适当引导但绝不示范

不知从何时起，简笔画大行其道，孩子们只需按部就班，寥寥几笔就能画出人物、动物等生动形象，妈妈们更是将其看成宝宝学画的最佳方法。可殊不知正是这看似简单易会的"学画捷径"，却无形中压抑了美术创作中最宝贵的能力——"创造力"。学画的原则是"适当引导但绝不示范"。例如，妈妈和孩子画花卉写生，妈妈会引导孩子注意观察花朵的颜色特点及花瓣形状，然后两人分别绘画，最后再相互点评。妈妈们一定要让孩子在观察中创作、在想象中绘画，切忌盲目示范，让孩子们依葫芦画瓢。另外，在色彩运用上，妈妈们也不要给孩子过多的限制：天不一定总是蓝的，树不一定总是绿的，花也不一定全是红的。

（三）让孩子尝试不同的绘画材料

让孩子用什么工具作画众说纷纭：有人认为，油画棒最适合孩子，因为它使用方便且不易折断；但也有人认为，水粉颜料才是最佳选择，因为它的浓淡、色彩富于变化。那么到底什么才是孩子们作画的最佳工具呢？其实绘画材料的选择没有一定之规，妈妈们应尽量让孩子尝试不同的材料。平时，妈妈除了让孩子使用水粉、油画棒、水彩笔、彩铅等不同材料绘画外，还可以让孩子尝试使用一些"特殊工具"作画，比如用吸管吹画、用海绵蘸画、用彩纸撕画、用手指压画。

（四）用欣赏的眼光评价孩子的作品

"画得像不像"通常是妈妈们评价孩子作品的标准，其实这是不正确的，孩子的画是他们内心的灵动、思想的闪光，要知道激发孩子的创作热情远比让他们掌握绘画技巧更重要，所以妈妈们一定要学会用欣赏的眼光看待孩子的每一幅作品。通常妈妈在品评孩子的图画时，应该告诉孩子每幅画的可取之处，如这些线条很鲜活、那些色彩很漂亮，在保护绘画兴趣和自信的同时，让孩子慢慢领悟绘画的整体布局、线条把握和色彩运用。

（五）教孩子用心感受美

"美"是要用心发掘和领悟的。在日常生活中，妈妈们应该拿一些名画图册或优秀的绘本插图让孩子欣赏，还要带孩子去参观画展，以渗透的方式给予孩子"美"的启迪。

孩子学"国标"妈妈颇纠结

"体育舞蹈"的名字听起来有点陌生，其实它就是我们平常称呼的"国标舞"。体育舞蹈也称"国际标准交谊舞"，是以男女为伴的一种双人舞竞技项目。

它包括华尔兹、探戈、狐步舞、快步舞、伦巴、恰恰、桑巴、牛仔和斗牛舞等，每个舞种均有各自舞曲、舞步及风格。相对于传统的民族舞、芭蕾舞等项目来说，它还是一个"新生事物"。

其实任何体育和艺术带给人最美的东西应该是它所传达的文化。观赏和参与国标舞，能够给人一种扑面而来的阳光、自信的感觉，让人非常快乐。不过孩子学习国标舞时侧重活泼动感一些的舞蹈会比较合宜。

经典事例

今年9岁的邵强强参加国标舞班已经两年多了，去年还在市里的比赛中获了奖。练习国标舞，对女孩子来说尚且是个新鲜事，一个男孩子能坚持练好就更难得了。很多参加表演的孩子都是"全家出动"，爸爸负责后勤工作，妈妈则负责整理服装、化妆。玲玲的妈妈也非常支持10岁的女儿学习国标舞，她觉得国标舞非常漂亮，练习后女儿的身材也更加匀称了。

陈妈妈自己也学过国标舞，讲起来头头是道："国标舞既有趣味性又有文化性，可以让孩子从小受到多种文化氛围的熏陶，还能加强对节奏、旋律的理解，有什么不好呢？"

不过与此同时，也有在场的家长表达了不同的看法。他们普遍觉得国标舞里成人化动作太多，怕孩子练习多了会受到不好的影响。

今年63岁的张阿姨是陪着5岁的小孙女来参加表演的。可张阿姨说自己并不赞同小孙女学习这种舞蹈。"这么小的孩子可能不懂什么，可是穿着高跟的鞋子在台上扭来扭去有什么好？小孩子还是该做最适合他们的事情。"看着12岁刚刚发育的女儿在台上和小男孩抱得那么紧，佳佳的妈妈也多少觉得有点别扭："孩子喜欢练这个，但我和她爸爸都有点担心，毕竟孩子一天比一天大了，时间长了会不会对她有不好的影响呢？"

感悟点滴

孩子学习国标舞到底好不好呢？专家认为，儿童学习国标舞最好还是要有所选择。据了解，国标舞是交谊舞的一种，它最早起源于欧洲上层社会，是由于男女交往的需要而诞生的。因此它的设计无论是动作、姿势还是服装，都更加适合成年人而不是孩子。不同年龄段的儿童有不同的生活内容，不同的生理和心理特征，不同的喜爱和关心的事物。不过对于孩子来说，舞蹈是展示心灵的窗口，因此"纯真性"应该是儿童舞蹈的一个重要特点。心理学研究表明，外部动作的塑造可能间接对孩子的内在心理产生影响。孩子从十一二岁开始就逐渐步入了青春期，这个时期孩子的心理发展家长尤其要更加关心。所以妈妈在为孩子选择培训班时，最好选择孩子们所喜爱的，又不超越其心理发展过程的类型。

国标舞的练习也的确有很多好处，而孩子学习国标舞也不是绝对不行，但最好有所选择。据介绍，现在国内也经常举办少儿国标舞比赛，其中7~9岁为儿童组，10~15岁为少年组，16~21岁为青年组。对于年龄较小的孩子来说，舒缓、优美的华尔兹和舞步顿挫有力的探戈舞、活泼的街舞相对来说都更加适合一些。

为避免跳舞时受伤，小孩子在跳舞时，要做好三点：首先要确定小孩本身的身体素质是否适合练习这种舞蹈；第二，要在上课前活动一下，拉开韧带；第三，学习要注意循序渐进，不要搞"疲劳训练"，一次练三四个小时很容易受伤。

音乐是开发智力的金钥匙

音乐是一幅无形的画,是一首无字的诗。在音乐的乐章里,五线谱与一个个跳动的音符,共同演绎成一种抽象的高级思维。于是,音乐便散发出智慧的光芒。

音乐作为一种特殊声波,是人们心理活动的产物,是一种艺术。它擅长表现人的情感和情绪。音乐比其他任何艺术对人的情绪、情感影响更为迅速、强烈。不同感情色彩的音乐,会使听众产生或喜或悲的情感活动。音乐本身所具备的感情的感染力,远远超过任何形式的艺术和语言。

音乐不但能够使婴儿心情愉快,还可促进大脑发育。研究发现,3岁儿童经8~9个月的音乐训练后,能明显提高时空推理能力。这种能力能帮助孩子认识模型、拼图及迷津游戏。音乐训练还有利于提高他的数学和解决问题的能力,提高右脑创造力和直觉思维,改善注意力和记忆力。有科学家认为,音乐不仅能锻炼大脑,还能提高认知能力,如同锻炼跑步一样,跑步不仅提高跑步能力,也提高踢足球或打篮球的能力。

经典事例

美国哈佛医学院和波士顿大学的研究人员,经过3年时间发现,音乐能改变儿童的脑结构。通过学习音乐,胼胝体——连接左右半脑的"高速路",厚度会增加。这种生理上的改变，对那些和音乐技术无关的技能亦有帮助。

研究人员选取了31名儿童，在他们6岁和9岁时做大脑核磁共振扫描，6岁的那次扫描显示，31名儿童胼胝体没有明显差别。在接下来的三年里，其中6名儿童一周至少练习双手乐器（如钢琴、小提琴）2个半小时，其余的只练习1到2小时。扫描结果发现，练习时间长的儿童，大脑胼胝体内负责运动和计划功能的区域增大了25%，其他儿童胼胝体的增长速度明显没那么快。

研究还发现，胼胝体的增长，可能对其他和音乐无关的技能也有帮助。目前他们已经测试了计划能力、运动协调性和回忆键盘字母顺序的能力，发现这些儿童确实有所提高。研究人员正在进行下一步的实验，他们关注的重点是，练习双手乐器对记忆和推理能力是否有帮助。

感悟点滴

在幼儿园里常常碰到这种情况，老师带着孩子做游戏、玩玩具，游戏结束后，老师要求把玩具集中收回，此时孩子们玩得正在兴头上，往往不肯把玩具交回去，这时如果老师或者妈妈用说教、劝说等方式来达到目的通常不会奏效。但是如果借助音乐的手段，却往往能得到意想不到的效果。当老师发出一个高音时高举拿着乐器的手，然后再发出一个低音，把乐器投到篮子里。小孩子看到老师的这些动作就会跟着模仿，这样不仅能培养孩子对音乐的感受，同时也能达到老师的目的。

其实，像这样的利用音乐潜移默化地教育孩子的方法，非常适合几个月到三四岁的孩子。针对孩子的年龄特点，音乐更容易被他们接受。听到欢快的、节奏强的音乐，他们会自然而然地手舞足蹈，随着音乐声发出一些"咿咿呀呀"的声音。而且一些音乐早教课程中，也会将孩子的很多行为同音乐紧密结合在一起。如，由外研社发行的《布奇乐乐园》，用《洗手歌》告诉孩子们养成勤洗手的好习惯；用《端午节》来培养孩子们热爱传统文化的品德等等。

除此之外，音乐还能营造一种情景，非常适合家庭的亲子教育。妈妈陪着孩子一起听音乐、一起参加音乐游戏，会帮助孩子对音乐的理解和感悟力。如在《布奇音乐屋》中，引导妈妈和孩子一起开着"小汽车"，通过音乐的高低音，来告诉孩子红灯停、绿灯行，让孩子在音乐游戏中学习、认知世界。

这并不是说妈妈们非得把音乐视作唯一，加强妈妈在小朋友学音乐过程中所扮演的角色，远比老师更要来得重要与珍贵。

音乐是和动作、舞蹈、语言紧密结合在一起的；音乐教育的目标是让孩子们主动地参与到音乐活动之中，培养起对音乐的兴趣与爱好；通过音乐活动培养和发展孩子们的创造力和创新精神；在音乐活动中培养孩子们与人合作、与人交往以及群体意识；这样的音乐教育才是鲜活的，对孩子永远有益。

音乐是依靠"开发"而来的，"兴趣"是第一老师，音乐本身具有"自娱"的特性，正是这个特点能够吸引儿童参加进来，他们在"玩乐"当中懂得音乐，让儿童在不懂得"什么是音乐"的年龄段，先开始音乐的实地演习，让他们在玩耍中接触音乐，还能培养孩子的创造能力，挖掘出心灵的潜能。

音乐是洗涤人们一身疲惫最好的心灵良药，如果能以艺术化的生活作为出发点，我们的孩子们也就可以真正拥有一个健康、快乐的童年。

音乐教育请在放松和快乐中进行

童年是人生旅途的始点，一个良好的开端将使孩子终身受益。随着幼儿早期教育事业的发展，音乐在早期教育中的作用，渐渐被人们发现和重视。如今，越来越多的妈妈意识到音乐教育对孩子身心发展的重要性。

经典事例

据英国《星期日泰晤士报》报道，美国加利福尼亚大学戈登·肖教授领导的一个科研小组，对78名4岁上下的幼儿进行试验。他们将这些孩子分成3组，一组学习莫扎特和贝多芬的钢琴曲，一组学习计算机，一组不接受特殊的训练。然后，用拼图游戏测试对比这些孩子的智力。开始时，3组孩子的智力相差无几，但是，9个月后，学习音乐的孩子得分平均提高35%，而其他两组的孩子，则几乎没有提高。研究人员解释说，幼儿期是大脑的推理能力和空间想象能力开始形成的阶段。在这一阶段，大脑思维模式很容易形成，并可永久保持。因此，这一阶段接受音乐训练，会使大脑形成融会贯通的模式，可大大提高大脑的推理能力和空间想象能力。

感悟点滴

（一）神奇的音乐效应

音乐教育从身体语言、认识、情感、个性和社会性方面对儿童身心发展都有重要意义。音乐教育能促进孩子大脑的发展，提高孩子的运动能力；促进语言、感知能力、记忆力、想象力和思维能力的发展；促进孩子个性的发展等。

（二）请放松，这只是音乐

提到教育，许多妈妈想到的是严肃、认真、刻苦等字眼。而提到音乐教育，不少妈妈立刻想到让孩子去学琴和跳舞，认为这种专业性的乐器演奏和舞蹈就是音乐活动的全部。这其实是一种非常功利的音乐观。音乐是人类表达思想、感情和生活情态的一种方式，而乐器演奏和舞蹈仅仅是音乐活动的一种形式。

太过强调纯技巧性的乐器学习和舞蹈学习只是让孩子学到了使用某种乐器和

跳某种舞蹈,而并没有让孩子获得美好的音乐体验,甚至会破坏他对音乐的创造力和想象力,最后成为一个离开曲谱就不会弹琴、离开乐曲就不能跳舞的孩子。

(三) 快乐是王道

对于幼儿阶段的音乐活动而言,音乐学习主要是一种教育手段,是要通过音乐的学习让孩子在语言表达、数字概念、肢体协调、记忆力、与人交往合作等方面获得更高的提升,达到通过音乐智能发展其他智能的目的。幼儿园的音乐活动就体现了这样的功能。

一般而言,幼儿园音乐活动有唱歌、乐曲欣赏、主题活动、乐器演奏等。唱歌不在于让孩子唱准音,而在于让孩子体验歌唱的快乐;乐曲欣赏是为了提高孩子对美的感受力;主题活动和乐器演奏的重点则是发展孩子动作协调、交往能力等。

因此,妈妈不要把音乐教育看得太严肃,更重要的是要孩子享受音乐给他们带来的快乐,而不必苛求孩子成为音乐家。

(四) 音乐也是一种游戏

对于孩子而言,音乐启蒙最好的办法就是通过游戏的方式让孩子接触音乐。尤其对小年龄段孩子的音乐启蒙,应该是在老师和妈妈的启发下,充分发挥孩子的想象力,激发孩子的学习兴趣,大胆地去尝试,去接触音乐的过程。

激发孩子学习音乐的兴趣,要比用棍棒压迫孩子苦学有效得多。但前提是妈妈要成功地创设能够让孩子轻松学音乐的家庭环境。妈妈可以通过孩子喜闻乐见的形式,例如说儿歌、拍手、做游戏、讲故事、唱歌等来培养孩子的乐感。这样,孩子能够在轻松愉快的情绪中感受音乐带给他们的快乐,从而热爱音乐,并且锻炼其他方面的能力。这种感受和体验的获得不是外在的知识灌输和技术训练,而是通过孩子的亲自参与,自发地、自然地在无形中获得。

(五) 音乐进行时

音乐教育不仅能培养孩子对音乐的感受力、鉴赏力和表现力,而且能促进孩子大脑的发育,提升孩子各方面的能力。因此,在日常生活的音乐教育中,妈妈可以给孩子一定的引导，使孩子的专注、协调等各方面的能力得到进一步的提升。

（六）在动作中感受音乐

孩子的音乐教育首先是培养孩子对音乐的兴趣。让孩子在玩乐和游戏中懂得音乐。

如妈妈可以教一首歌谣"爬呀爬呀爬呀爬，一爬爬到头顶上，爬呀爬呀爬呀爬，一爬爬到脚底下。"前两句从低音唱到高音，后两句从高音唱到低音，动作则是人坐在地板上，腿屈膝脚掌平放在地，双手从脚下随着歌声向上做爬的动作，当唱到爬到头顶上时，手正好到达头顶，唱下两句时，手又从头顶爬到脚下。这种一边唱一边做动作的方法，让孩子用身体动作理解了高音、低音。这些活动不强调过多的技巧，让孩子在妈妈的启发下，体会音乐的节奏使孩子能够很容易地喜欢音乐，对音乐开始感兴趣。

（七）感官总动员

孩子在用耳朵听、眼睛看、嘴巴学唱，加上配合各种动作的同时，能够调动各个器官都参与音乐活动，从而能使孩子注意力集中，也同时锻炼了各方面的协调能力。

如妈妈可以带领孩子边跳边唱，让孩子自然而然地用身体去感受各种音乐风格所带来的韵律。还可以带着孩子一起模仿某种动物的姿态，配合它的拍子起舞。孩子们可以拍手、跺脚，甚至拍屁股，用各种能够想到的方式来表现他所听到的节奏，这样的音乐节奏练习能够培养孩子的专注力和协调能力。

（八）听的创造力

3岁左右的孩子是听力辨音发展的重要阶段，这个时期如果让孩子多听各种各样的声音和节奏，有助于他们辨音能力的发展。妈妈可以带孩子们到大自然中去，让他们注意小鸟的歌声，小溪的流水声，小羊的叫声，把它们录下来，回家后让孩子倾听，辨别这些声音的区别。音乐是听觉的艺术，有一对敏锐的耳朵才能体会音乐的精妙，妈妈可以有意识地培养孩子的听觉能力。

4岁的孩子是创造力发展的关键时期,可以通过音乐教育来有效开发孩子的创造力。比如妈妈可以启发孩子:刚才妈妈唱的是爬到头顶上,你还能说出爬到哪儿?有的小朋友会说爬到鼻子上、有的会说脖子上、有的会说屁股上。妈妈还可以鼓励孩子开动脑筋,自己编创歌词。

(九) 音乐最佳时

在妈妈给孩子选择乐器时,儿童音乐教育专家给出了以下几点建议:

0~2岁:以听为主,主要是培养孩子对音乐的感知力和领悟力。

3岁:以听、唱为主。此时要特别培养孩子的节奏感,给他听的音乐可以是节奏性比较强的,这样更能引起孩子对音乐的兴趣。

4~6岁:此时是开发孩子音乐潜能最关键的时期,因为现在可以让孩子学习一些实际的音乐技能了。可以让孩子从单纯的节奏练习向旋律、音准方面过度,并可以让他配合乐曲接触乐谱。在乐器的选择上,4~5岁可以开始学钢琴、电子琴、手风琴等键盘乐器,而学习弦乐器,如小提琴、古筝等,应在5岁半之后。一般来说,学习键盘乐器一年,基本掌握了音准和节奏感后,再转学弦乐器会更好。

第六章　聪明妈妈育儿术

在孩子的教育上，妈妈们可谓呕心沥血，但教育的成果可大不相同。有些孩子是家里的"小皇帝"，有些孩子会主动做家务；有些孩子就喜欢和妈妈唱反调，有些孩子和妈妈是好朋友；有些孩子花钱大手大脚，有些孩子小小年纪就会理财……教育孩子，聪明妈妈自有妙招！

"懒妈"有"懒福"

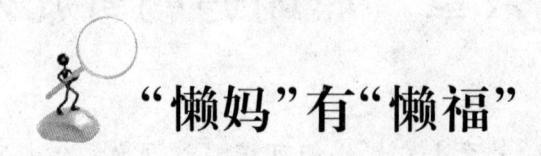

新妈妈们都会经历三重育儿阶段，第一重是忙于育儿之术，第二重是长于育儿之术，第三重是精于育儿之术。随着境界的不断提升，妈妈从"育儿工"上升到了"育儿专家"。

在孩子的教育上，年轻的妈妈们投入了百分百的精力，疲惫之余，却仍感力不从心，收效甚微。可见 100 分的勤快妈妈不一定就能得到 100 分的结果。与其这样，倒不如给自己喘口气，放个小假，偷个小懒，做不了 100 分的勤快妈妈，那就换个角色，做一个 70 分的"懒"妈妈，也许还会有意外的收获。

经典事例

故事一：妈妈就得"懒"之"懒妈"有"懒福"

宝贝儿子出生了，初为人母的李菲还没从喜悦中缓过劲，就开始发愁了。儿子一出生就立即成了全家人的宝。爷爷、奶奶、外公、外婆四个人围着小家伙一个人转：儿子要喝奶，奶奶拿奶粉，爷爷拿奶瓶，外公倒水，外婆拿毛巾！那个忙碌劲，不亚于太后用膳。李菲明白，教育孩子不能过分迁就他。但是，面对老人的高度热情，李菲无法将这一理念落实。

宝宝两岁时，对什么都好奇，什么都想抢着干，爷爷奶奶虽然很高兴，但总是一个劲地说："宝宝还小，宝宝还小！奶奶来做！"就这样，小家伙的工作热情就中途夭折了。

终于等到了过年，老人都回老家了，这下李菲可就没有了后顾之忧，决定将"懒"进行到底——

儿子想吃水果，嚷着要李菲去拿。李菲说："你自己去，妈妈也累了。"他不肯，我们僵持着，最终他还是妥协了，自己跑去拿水果。

一家三口逛街回来，李菲累坏了，李菲和老公躺到床上，对宝宝说："我们累了，休息一会儿，你要是不休息就到客厅看会儿电视吧。"儿子不高兴，可我们都闭上了眼睛，他想了想，就走出了房间，还没忘帮我们把房间门关上。李菲和老公相视一笑，李菲悄悄地爬起来，跟在他后面看。小家伙打开冰箱，拿了酸奶，打开电视，一个人坐在沙发上，有模有样地看起来。

在李菲的"漠视"下，儿子一个春节竟学会了穿、脱衣裤，拿筷子吃饭，自己收拾玩具，这让李菲惊喜不已。

过完年，老人们回家看到宝贝孙子可以为他们"服务"了，高兴得不得了！有的时候，他们习惯性地想要代劳，儿子还会以"宝宝长大了，我自己能行！"来拒绝。公公婆婆暗地里对老公说："看你的懒媳妇，连儿子都不会带，什么都让他自己来，这么小的孩子，他能受得了吗？"但老公庆幸，正因为李菲的"懒"，造就了一个爱劳动的儿子。

故事二：妈妈就得"懒"之"懒"得恰到好处

范瑾不是个懒人，可在女儿面前，她是个十足的懒妈妈。

说到这点，范瑾满是骄傲。一个勤劳的妈妈可能会被人们尊为模范；而一个懒惰的妈妈则会被人们瞧不起。可是，范瑾觉得，一个勤快妈妈养育出来的孩子可能会很懒——因为妈妈太勤快了，宝宝什么也不用干，什么都没学会；而一个懒妈妈的孩子可能正好相反。关键在于妈妈什么时候该勤，什么时候该懒。

晚上，范瑾一家人坐在一起看电视，范瑾想喝水了，又不想动，于是喊一声："宝宝，给妈妈倒杯水来！"宝宝倒完水，范瑾马上表扬："宝宝真懂事，从小就知道孝敬妈妈！"宝宝很得意，又问爸爸想要喝水吗？奶奶需要喝水吗？把全家服务个遍。

这一幕要是让勤快妈妈看到，怕是会心如刀绞，她们怕孩子会打坏水杯，会烫伤皮肉，于是自己再累也不肯停下来歇一歇，事事不求人。慢慢地，宝宝会觉得妈妈就像超人，永远不知疲倦。她不需要别人的帮助，自己一伸手说不定还添乱、挨骂，于是乐得让妈妈去做。

"我女儿真能干，比妈妈小时候强多啦。"是范瑾挂在嘴边的话，这种方法很灵，女儿现在十分能干，范瑾也落得个轻松自在。现在范瑾一有头疼脑热就嚷嚷，还会让女儿端茶送水、拿吃的；如果腰酸背痛，更会"通告"，让女儿帮忙按摩几下；即便是女儿什么都不做，眼巴巴地守在范瑾身边，最起码也能感受到女儿细小的担忧和关怀，这比那些药物更有效！

故事三：妈妈就得"懒"之因为"懒"而长大

琳琳把母亲"气"走了。母亲临走丢下一句话："没见过你这样的懒妈妈，你这样对待孩子，我看不下去！"母亲秉承了传统的育儿观念：觉得做妈妈的就应该把时间花在孩子身上，宝宝的时间就是妈妈的时间。而琳琳则整天忙自己的工作，很少有时间陪宝宝，在宝宝很小的时候，琳琳就让他单独睡一个房间，自己学习叠被子穿衣服了。

晚上的时光，母子约定为各自的独立时间。琳琳和宝宝各占书房一隅，琳琳写稿子，宝宝看书。有时候，宝宝过来缠琳琳，琳琳总会说："妈妈很忙，等事情做完，我会给你讲故事，现在是我们各自的时间。"

有一次，琳琳得到一个去外地高校进修的机会。可一想到要去外地度过三个月，琳琳心里还是对儿子放不下。临走前，琳琳要加个班，儿子的分享阅读班又临时把课调整到星期天，这下，琳琳只好带着儿子去上班。琳琳以为儿子肯定会"大闹天宫"的，没想到儿子却出奇地省事，只是不停地问这问那，当儿子看到琳琳忙着备课、改作业时，儿子递给琳琳一块糖说："妈妈，原来你不懒啊。"

回家的路上，琳琳告诉儿子妈妈爱这份工作就像他爱画画，喜欢奥特曼一样，告诉他，妈妈想去进修是好让自己工作得更出色，就像他要不停地吃饭学习让自己快快长大。

儿子点点头，主动伸出小拇指："拉钩钩，妈妈加油。你要天天给我打电话，我们一起长大。"

现在，儿子的自理能力越来越好了，琳琳可以安心地工作，儿子再也不来缠了，他乖乖地做着自己的事情。有困难也会自己主动想办法去解决。他还是分享阅读班上最棒的小朋友，老师的评价是：自理能力强。

感悟点滴

勤快的妈妈是否也羡慕这三位懒妈妈了？当有一天你也想尝试做一位"懒"妈妈时，请记住，"懒"有"懒"法，切不可急功近利、盲目随行。

（一）心不能闲着

"懒"妈妈可不等同于只会享受的妈妈，而是用心良苦。通过谈话、讲故事等方式，使孩子知道"自己的事情自己做"的道理。宝宝的未来要靠自己去开创，独立的生活能力是一个人生存和发展的基本前提。而这种能力不是天生的，是从小培养和锻炼出来的。妈妈如果将孩子的一切都包办，等于剥夺了孩子认识世界、锻炼自我的机会。做个"懒"妈妈是为孩子着想，对孩子的成长负责。

"懒"妈妈其实一点也不懒。让孩子自己做事，在许多情况下，不但不能省力，反而更加麻烦。宝宝与大人分床，夜里就要多次起来给她盖被；宝宝自己吃饭，撒得到处都是，就得洗衣、擦桌、拖地板；孩子自己洗的袜子、手绢不干净，就得重洗一遍；孩子自己洗澡，搞得"水漫金山"，还得收拾半天，当然没有自己直接包办更为快捷方便，省心省力。但这却是促成宝宝成长的好契机。

（二）告诉孩子妈妈爱你

工作了一周的妈妈，也要学会时常偷偷懒。周末的早上，不妨睡一个懒觉，冲着宝宝发发牢骚："妈妈真辛苦啊，为了你，妈妈少睡了好多个懒觉。"

宝宝需要独立的空间来成长。妈妈有自己的工作和生活空间，自己偷偷懒，其实就是给了宝宝培养独立能力的机会，宝宝也才不会把妈妈的付出看成理所当然。妈妈不能用100分的标准来给自己打分，衣食住行是孩子自己的事，妈妈不是"全职保姆"！

宝宝有时可能不理解，以为妈妈不爱自己了，会产生情绪。那妈妈一定要时常把爱说出口，让孩子扭转"妈妈不爱我了"的稚嫩想法。

（三）要理解孩子，不能用大人的标准要求孩子

勤快妈妈什么事都抢着做，可面对孩子不干活，心里又有些不情愿，一边做一边责怪宝宝："你怎么什么都不会做？妈妈像你这么大的时候都能上街打酱油了。"要不就历数："你看谁谁真聪明，还会自己吃饭呢"……事情没做完，宝宝早就被数落得垂头丧气，信心全无，更不用说放手让宝宝自己去做又会衍生出多少牢骚。

妈妈要容忍孩子的小错误，对于年纪小小的宝宝，出现失误在所难免，请不

要用大人的准则去限制他，相信你的宝贝，他有自己的问题处理方案。多给宝宝鼓励和表扬，少点指责和埋怨，宝宝的自信就是这样建立起来的。

变成"孩子"才能教好孩子

"被了解是件奢侈品。"美国思想家爱默生这么说。的确如此，孩子需要被了解，并且是朋友般的了解，妈妈只有把他们当作自己的朋友，才会为他们所接受。否则，你就无法和孩子建立起健全的关系。只有建立了朋友的关系，才能有彼此之间充满信任感的沟通。

经典事例

从前，有个王子，他总是认为自己是土耳其人，应该按照土耳其人的方式生活。所以自己应当赤裸着身体，蹲在餐桌下面，捡饭渣吃。

王子的做法吓坏了国王，可怎么劝解，王子都不听。国王请遍了国内所有的医生，结果没有一个能帮助他的儿子。一天，有个智者来到国王面前，主动要求帮助这个孩子。

像王子一样，智者也脱光衣服，和王子一起蹲在餐桌下面。当王子问他为什么蹲在桌子下面时，那个智慧的人笑着回答说："因为我是一个土耳其人。"

"我也是一个土耳其人。"国王的儿子说。

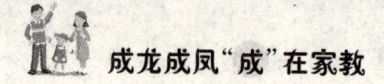

王子和智者就这样光着身子在餐桌下面蹲了好几天，彼此慢慢熟识起来。

有一天，智者让人扔几件衬衫下来。

智者问王子："你是不是觉得土耳其人不能穿衬衫？""土耳其人当然能穿衬衫，一个土耳其人是不能根据其是否穿衬衫来判断的。"于是两个人穿好衬衫。

又过了几天，那个智者让人扔几条裤子下来。"你是不是认为穿裤子的人不是土耳其人？"他问王子。王子回答："当然可以，一个土耳其人是不能根据其是否穿裤子来判断的。"于是两个人都穿上了裤子。那个智者继续这么做，直到两人都穿得整整齐齐。

然后他让人放些食物在餐桌上。"你是否觉得，如果吃好东西就不是土耳其人？"智者有问王子。"当然不是。"王子回答。于是他们就一起吃起来。

最后，智者说："你认为一个土耳其人必须整天蹲在桌子下面吗？你知道，坐在餐桌旁仍是一个土耳其人，这是完全可能的。"于是，那个智者就这样一步一步地把男孩带回到现实世界中来。

感悟点滴

孩子的世界父母了解吗？有的时候，孩子在想什么我们根本不知道，当他们有了异样的举动，妈妈们就开始不知所措，干着急就是不知道怎样才能帮助孩子转危为安。这时候我们不妨学学那位智者，先了解一下孩子在想什么，他更需要什么，然后慢慢地扭转他们的思路，把他从幻想的世界里拉回到现实中来。这说起来简单，做起来却是艰难的。妈妈这时候应该忘记自己的年龄，把自己和孩子放在同一个水平上，慢慢地去接近孩子的心灵。

当妈妈不是一件容易的事，想成为一名成功的妈妈就更不容易了，它需要我们为孩子付出不懈的努力，才能把自己的孩子培养成一个行为得体、彬彬有礼、品格端正的好孩子。相信孩子，同时也相信自己。我们首先要明白什么是对孩子有益的事情，而什么样的行为是不可取的。

孩子一直渴望着和妈妈的沟通，因为，只有这样，他的心结才会打开，他的心情才会放松。既然如此，了解孩子的想法就可以帮助他们找到成功的钥匙，让他们的生活少一点黑暗，多一些阳光，少一份忧郁，多一些快乐。

每个妈妈都希望自己的孩子成龙成凤，每个妈妈都希望孩子像自己期望的那个样子成长。但是很多妈妈却忽略了孩子有思想，他们在想什么，这个问题非常重要，它关系到孩子的健康和前程。

和成人不同，孩子有孩子自己独特的心理，他们渴望自己能被父母理解。然而在绝大多数父母的观念中，儿童就是小孩子，是"尚未变成大人的人"，于是高高在上地看待孩子、了解孩子，因此很多时候无法真正进入孩子的心灵世界，甚至于存在着与童心世界相隔离的心理障碍，经常发生剥夺童心、童趣的事情。例如：不许弄湿鞋袜、不许玩泥沙、不许上树等，认为玩耍是浪费时光，强行安排孩子的课余时间，如加做家长的作业、练书法、学弹琴等，没有孩子自由支配的时间。

孩子天性爱玩，不管妈妈认可与否，游戏是孩子抒发情感、认识世界的主导活动之一。也许孩子的许多言行、举止、乐趣和嗜好，在大人眼中是荒唐可笑的，难以理解的，但是在孩子心中却是美妙的，是他们的天堂和乐园。孩子通过自由游戏获得感性知识，接触世界，观察世界，开发了智力和创造力。在自由游戏中，他们渐渐明白了人怎样和自然界打交道，劳动怎样改变世界，自己应怎样接触世界。不管是做什么，如搓泥巴、挖沙子、绘画、做玩具、过家家、垒房子等，孩子的双手灵巧性得到锻炼，四肢的运动促进了大脑最富创造性区域的开发。如果认为孩子会越玩越野而横加阻拦，试图缚其手脚，那么会对孩子的心理造成伤害。

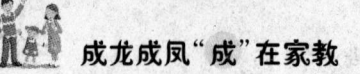

妈妈们要做的是在孩子玩耍入迷或出格时，教育他们注意安全和卫生，诱导他们将兴趣转移到高雅、益智的游戏上，而不应粗暴地干涉、严厉训斥甚至拳脚相加。幼儿时期，不要过多地进行抽象思维的教育，如识字、背古诗等，只能用孩子的感性认识所能接受的形式来指导孩子认识世界。通过讲童话故事，以及绘画、唱歌来引导孩子认识大自然和社会，培养幼儿的感性认识能力，使他们能在自由游戏中冲破框框，表现新事物。孩子总是要长大的，总得走进成人世界，只是我们不妨"悠"着点，当孩子还徜徉在童年世界时，妈妈不必急于催赶，不要拔苗助长，欢乐的童年时光是妈妈送给孩子最好的礼物。

聪明的妈妈会用"计"

孩子总会有些"超标"的要求，妈妈不愿意总扫孩子的兴，更不希望成为孩子眼中的"大恶人"。但是，我们得让孩子知道凡事都有节制，必须遵守一定的规则，不能没完没了地想怎么样就怎么样。面对孩子的要赖皮，妈妈要懂得见招拆招。

愿望不能得到满足时，孩子会用"赖皮"来表达自己的情感，这就像婴儿一般用哭来表达信息。当孩子开始会笑时，他又多了一种表达信息的手段。孩子越长越大，当他的某种愿望达不到要求时，他就会用耍赖来表示不满。

经典事例

故事一：人小鬼大

刘伟今年五岁，是个特别机灵的小男孩，平时在幼儿园的教学活动中，他总是反应最快，也是最调皮的一个。回到家，刘伟更是集众多宠爱于一身，六个大人围着他一个人转。渐渐的，聪明的刘伟发现，自己的任何要求总能被满足，即便偶尔爸爸妈妈会拒绝，在爷爷奶奶那里也能得到满足。

于是，他渐渐把姥姥姥爷和爷爷奶奶当成自己的"靠山"。犯错误了，他不等妈妈开口责备，先给爷爷打电话，因为他知道，只要爷爷一来电话，妈妈就不好意思说什么了；在幼儿园惹祸了，爸爸生气了教训他，他便在周末时向奶奶告状，奶奶听后，自然会生气地质问儿子为什么吓唬孩子；想要新玩具时，就分别告诉姥姥姥爷和爷爷奶奶，看他们谁买的最漂亮……就这样，六个大人被一个孩子耍得"团团转"，甚至有时还争吵不休。

故事二：打"小报告"

苗苗特别喜欢玩手机游戏，尤其是"愤怒的小鸟"，每天从幼儿园回来，顾不得洗手和换衣服，先要把 ipad 打开。听着小鸟飞行时诡异的声音和小猪呵呵的傻笑声，苗苗常常玩得"废寝忘食"。妈妈担心长期这样下去，苗苗会沉迷于游戏中，而且影响视力，便多次规定他每次玩游戏的时间不能超过 20 分钟。

这可不行，苗苗还没尽兴呢。每次，苗苗都是露出一副可怜兮兮的面容一拖再拖，他甚至会说："我上了一天幼儿园，每天就只能趁回家时玩一会儿游戏，你就让我多玩会儿吧!"每当这时,妈妈便心软了。

这几天,苗苗实在玩了太长时间游戏,眼睛酸疼,而且不停地流泪。妈妈终于发脾气了,一气之下把 ipad 没收了。本以为这样可以让儿子戒掉玩游戏的毛病,没想到苗苗竟然给姥姥打电话"告状",然后得意洋洋地对妈妈说:"姥姥说了,您再不把 ipad 还给我,她就去给我买个新的!"

故事三:孩子的心计

越越是家里的宝贝,毛绒玩具是她的好伙伴。"妈妈,我的玩具熊的小裙子破了,修不好了,您再给我买个新的吧!"越越对妈妈说。然而,妈妈接过玩具却发现,小裙子上的确是有条缝,可是破裂处很整齐,更像是用剪子剪的。"是不是你故意剪坏的?然后还骗我?"妈妈质问道。"没有,它自己裂的,您爱信不信!"越越撅着小嘴,气鼓鼓地转身跑回了房间。

越越的这种做法已经不是第一次了。之前,她还故意弄脏过鞋子、剪坏过衣服,然后让妈妈给她买新的。"真不知道她是怎么想出这个办法的。即便我当面戳穿她,她也毫不在乎。她觉得,反正已经坏了,你就得给我买新的。"越越妈妈无奈地说。

感悟点滴

(一)孩子的各种耍赖,其实都是在钻空子,孩子并不是要故意引起家长之间的矛盾

正是因为家庭成员之间没有良好有效的沟通,教育方法不一致,才导致孩子出现这种情况。

家庭教育的参与者,不管是老人还是年轻父母,在教育孩子时,应保持一

致。妈妈们应该多个心眼儿，提前和老人做好沟通工作。这样，当孩子因为爸爸妈妈不能满足自己的要求而跑去哀求老人时，会发现无济于事。

难解决的事情，妈妈还可以学会与宝宝进行"协商"性沟通。

爸爸妈妈都希望宝宝能健康成长，从家庭教育的角度来看，平等、民主、充满亲情和理解的家庭环境能使宝宝心情愉悦、性格开朗。遇事多和宝宝商量，使他从小学会用语言和协商的方式解决问题，这有利于宝宝克服暴躁的情绪，减少哭闹、耍赖的行为。也可以考虑与宝宝一起制定规则：任何家庭成员发脾气都得不到奖励，并会失去某一次机会，如看喜欢的电视、吃好吃的食物等。

（二）电脑游戏、手机游戏不论是对孩子还是成人都有很大的吸引力

如果宝宝对游戏比较上瘾，妈妈不要动怒，因为越是强行不让孩子玩游戏，孩子的逆反心理就会越强，甚至会影响亲子关系。

妈妈可以使用先表扬，再教育的方法。先肯定孩子的游戏才能，比如这样说："妈妈真没想到，你玩游戏这么厉害啊！我和爸爸学了好久都没学会呢！"这时，孩子听了妈妈的表扬，肯定会非常兴奋。妈妈继续说："宝宝玩游戏能过这么多关，肯定特别严格遵守游戏规则。"

游戏有游戏的规则，妈妈相信你，不管是在游戏中，还是游戏外，都能做到遵守规定。小朋友每天玩游戏的时间也是有规定的，时间久了眼睛就会难受，脑子反应也会慢，过关会越来越困难。现在，我们就把电脑关上，歇歇眼睛吧！"当宝宝乖乖关上电脑时，妈妈还可以趁热打铁，给他讲些规则的重要性。

妈妈要为孩子划定自己的底线。与其给孩子一颗糖果，之后因招架不住他们的央求，而再给第二块糖果，还不如一开始就告诉孩子"你可以吃两颗糖果"；与其告诉孩子该关电视睡觉，之后因经不住他"再多看5分钟"的软磨硬泡而妥协，还不如一开始就声明"你还可以多看10分钟"。妥协让步无异于奖励孩子依靠纠缠不休而达到目的。所以，妈妈在面对孩子的要求时，应让孩子清楚地明白

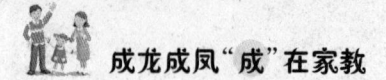

自己的底线。

（三）破坏东西有很多原因

妈妈首先不要急于下定论：他就是故意的！其实，有可能是好奇心使然，孩子想看看玩具的内部构造是什么，或者想自己给娃娃换件衣服。孩子之所以破坏一样东西，是因为他实在对它太感兴趣了，迫切地想要研究一下。

妈妈首先应该告诉孩子破坏玩具的后果——有些玩具可能彻底坏了，再也修不好了，即便我给你买了新的，也不会和这件一模一样了。这样，孩子在想要动手破坏之前，就会仔细想一想，如果我不小心把它弄坏了，就再也没法玩了。

其次，妈妈可以通过别的方式满足孩子想要新玩具的心理。比如告诉孩子，我不可能在一周内给你买同样的玩具，我们干脆动手把它修好吧！这样一方面能够教会孩子珍惜，还可以锻炼他的动手能力，增进亲子感情。

会"管"的妈妈,听话的娃

正所谓，无规矩不成方圆。当孩子渐渐有了个性和脾气，让妈妈觉得越来越难管束时，除了夸奖和鼓励，适度的惩罚不可或缺。怎样罚得有效，又不伤孩子的心和自尊自信，是门大学问。

经典事例

故事一：逃避学习

孩子弹琴时表现出极大的随意性，老师讲过的正确指法、手型和要求在她的脑子里没有留下丝毫的印迹，仿佛从来就没有学过似的。妈妈看在眼里、急在心上，一遍又一遍地提醒外加亲自示范，可孩子摆出了一副不合作的态度，在琴凳上扭来扭去，一会儿喝水、一会儿上厕所，没过两分钟又嚷嚷着累了要歇会儿。

故事二：大闹天宫

孩子每天都把家里弄得天翻地覆：玩具散落一地，画笔、画纸摊满了桌子，床上也堆着他的各种小玩意儿，自己最喜欢的书也十有八九到想看的时候不知道去哪了。多次的提醒仍然没能使孩子有任何改观。

故事三：喜欢的东西非要得到

孩子有一大盒子各种形状的小珠子，串起项链漂亮极了；但当她看到别的小朋友拿着几个透明的围棋棋子充当"夜明珠"时，哭着喊着要，对方不给，她就把人家装"夜明珠"的小瓶子扔到地上……

感悟点滴

（一）皮肉之苦既伤了孩子的身体，也伤了孩子的心

1. 妈妈的错误

妈妈实在忍无可忍，内心的怒气终于冲破了忍耐的底线，一巴掌挥了过去，孩子的手背顿时就红了——说服教育升级为武力惩罚。

2. 对孩子的伤害

体罚解决不了任何问题，只能使双方的矛盾激化，使原本有可能继续下去的学习中途搁浅；在妈妈的拳头下，孩子的自尊心也被打得一败涂地，容易形成破罐破摔的心理，甚至继而对所有的批评刀枪不入，那可真是两败俱伤。

体罚还会导致孩子性格的改变：你以什么样的方式对待孩子，孩子就会以同样的方式对待你和他周围的人——对暴力行为的模仿是轻而易举的。由于妈妈的坏榜样，孩子在独立面对自己和小朋友的冲突时，头脑中的第一反应就是"先下手为强"。

3. 正确的方法

对孩子的教育要循序渐进。将批评升级为"战争"，那就是妈妈的不是了。幼儿还没有形成自我评价体系，他们是通过成人尤其是妈妈对自己的评价来看待自身的。而且，脆弱的内心特别希望得到妈妈的肯定，这能给孩子自信，也能使他们愉快地接受批评。批评的艺术在于正强化，而非负强化。与其强化孩子的弱点或全盘否定，不如将孩子的点滴成绩和好的苗头看在眼里、记在心上、挂在嘴边，强化其好的一面，给予必要的指点，让孩子看到自己的潜力，提升自信。

此时，正确的方法应该是"表扬式的批评"方法。妈妈先去发现孩子的点滴长处，先褒后批："你的左手手型比右手的漂亮，左手三指比二指好看，这一遍强弱感觉掌握得不错。"接着再提要求："右手能不能也像左手那样漂亮，二

指能不能往回勾一点，速度如果再放慢一点会更好。来，我们来试一试，我想宣宣一定没问题！"孩子需要在比较和实实在在的夸奖中发现自己的差距，如果妈妈肯定了孩子的一点成绩，她会有信心纠正自己的九个错误；相反，妈妈对孩子的一个错误采取粗暴的方式，她很可能会毫无心情保持自己的九个优点，那就得不偿失了。

（二）引导孩子学会正确地发泄情绪

1. 妈妈的错误

看到一片狼藉的房间，妈妈心中的怒火忍不住了："跟你说过多少次了，从哪儿拿来的东西玩完了还放回哪儿去。你就是不长记性，你不收，看我全把它们扔掉！"说着假装把孩子最心爱的玩具扔了，接着是一阵急风暴雨般的叫嚷。

2. 对孩子的伤害

妈妈要知道，不是你的嗓门越高就越能产生立竿见影的效果，声调和结果往往成反比；并且大喊大叫使孩子丝毫感觉不到尊严的存在，也把你的修养咆哮得无影无踪。如果大人孩子都发脾气，批评很有可能会升级为哭闹和打骂，教育的效果抵消为零。而且孩子很快就会知道，妈妈嘴上说"扔掉"，但是手上却没有真正"扔掉"，妈妈的威信也由此丧失。

3. 正确的方法

孩子是敏感的，妈妈千万不要以为你的态度，包括表情、语气和目光无足轻重，只有好心就足够了；不肯在表达方式上花心思，孩子难以心服口服地接受批评。因为，有时候他们拒绝的不是批评本身，而是妈妈的态度。

批评也可以心平气和地来。心平气和地批评孩子，有助于保持良好的亲子关系，也能达到批评的目的。所以，最好管住自己的脾气，让自己息怒。

孩子都不喜欢收拾自己的东西，这对孩子来说是一个很难养成的习惯，妈妈应该对孩子耐心一些。先和孩子一起收拾，能收好一件东西就鼓励一下。孩子被妈妈的肯定激励着，会慢慢学会独立整理自己的物品。

（三）絮叨啰嗦

1. 妈妈的错误

有时，孩子的举动让妈妈觉得很没面子："跟你说过多少次了，你怎么就不明白呢？不能总是看着别人的东西好，你家里的玩具还少吗？自己的东西扔在一边不玩，一看到别人拿点什么就跟宝贝似的，真没出息……下次再这样，我绝不再给你买任何玩具！"

2. 对孩子的伤害

絮叨啰嗦的批评，不仅不能给孩子大脑以明显的刺激，反而说得越多，孩子越会把这些话当成耳边风。而且，别看孩子小，对语言的领悟能力一点不差，"没出息""占有欲"一类不尊重孩子人格的话很容易引起他们内心的反感，明着或暗着和你对着干，身上的毛病很可能会有增无减。

3. 正确的方法

孩子都喜欢新鲜有趣的东西，让心智尚未完全成熟的孩子抵御诱惑其实是一件很不容易的事。所以，妈妈不妨告诉孩子：她喜欢自己没有的东西并没有错，但他人的东西我们不能要，更不能抢或毁坏。接着向孩子讲清楚：世界上的好东西多得数不清，我们不可能全部拥有；如果特别想要，就得凭自己的努力去争取，比如如果对方愿意，可以用自己的漂亮珠子和小朋友交换，或者通过劳动和表现，获得父母的奖励。

马大哈也能改变

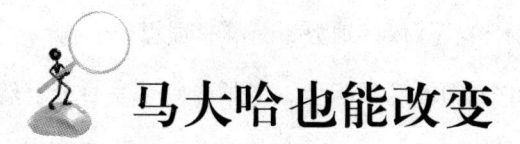

孩子做事马虎，也可以改变吗？家长普遍认为，马虎是孩子最难改变的习惯之一，那么有什么好的方法可以帮助孩子克服马大哈的习惯呢？

经典事例

这天的语文课上，老师给大家出了个作文题目：《我的家乡》，要求同学们把美丽的家乡描述一下。

多多从小就是写作文的高手，"这个作文太容易了"，他用小手抓抓头皮，一下子来了一大堆的词儿。稍微构思一下，拿起笔来，刷刷刷，不一会儿写完了，左看右看都非常满意，觉得家乡在自己的作文里简直变成了一幅图画。

别的同学还没写到一半，多多第一个把作文交给了老师。

老师看了看多多的作文，也没说话，拿起红笔在他的作文上又圈又点，等大家全交了作文，才停下笔，叫多多的名字。

多多心里窃喜，心想这次老师一定要表扬自己的作文了。老师看着站得笔直的多多，问："多多，你猜你的作文能得多少分？"

"九十多分。"多多回答干脆，他知道老师从来不给一百分。

"为什么呢？"老师拿着他的作文问。

"因为我写得挺好的。"多多特别自信地回答。

老师摇着头笑了，让他到讲台上："你先在黑板上写几个词。"

多多愣了，不知道老师葫芦里卖的什么药，拿起粉笔等着写字。老师依次念了这些词：美丽、禾苗、气候、地势、新鲜、理想……

多多准确地把它们写在了黑板上，老师给判了一百分，然后说："你知道这些词在你的作文里是怎么写的吗？"边说边在每个词下面写了另一个词：美力、河苗、气后、地式、心鲜、里想……

老师转身对多多："你用的字是正确字的同音字，它们读音虽然相同，但是意义可是完全不一样的。"老师又看看黑板，"这些字你会写呀，就因为书写时不细心，所以你的作文只能得六十分。"

同学们见状哈哈大笑，多多羞红了脸，默默地低下了头。

感悟点滴

（一）明确学习的目的能让孩子对学习产生兴趣

妈妈要帮助孩子明确学习目的，使他们增强学习责任心，提高学习兴趣。妈妈可以用讲故事等方式告诉孩子，学习是小学生对社会应承担的责任，这种责任感应表现在认真对待听课、做作业、复习、考试等每一个学习环节上。人的情绪、兴趣等都将直接影响感知的过程，影响感知的完整性和准确性。因此，孩子学习责任感的增强、学习兴趣的提高，有助于帮助他们克服"马大哈"的毛病。

（二）好的学习习惯能让学习有事半功倍的效果

妈妈要注意培养孩子良好的学习习惯。有的妈妈给孩子规定了几条制度。如：放学回家先做作业；遇到难题要耐心，不急躁；书写要工整等等。这对于培养孩子的良好学习习惯，克服"马大哈"的毛病都是有好处的。

（三）妈妈要教给孩子一些学习的技能、技巧

例如：怎样辨认字形，怎样解应用题，怎样检查作业，怎样思考和分析问题等。

（四）家庭教育中，妈妈要讲究教育方法

鲁迅先生说过：孩子的世界与成人截然不同，倘不先行理解，一味蛮作，便大碍于孩子的发达。妈妈帮助孩子克服马大哈的毛病，也要从孩子的实际出发，理解孩子，体谅孩子，耐心细致，不急不躁，妈妈要采取多表扬鼓励的方法，调动孩子的积极性，使孩子看到进步，树立信心。有的妈妈给孩子画了一张作业差错登记表，贴在孩子的床头，让孩子每天填写。一周或半个月，妈妈帮助孩子统计、总结一次，对孩子促进很大。只要妈妈采取正确的方法教育孩子，马大哈也能变成细致认真的孩子。

改掉孩子"乱花钱"的毛病

很多父母抱怨孩子"乱花钱"，其实孩子这样的行为多半跟父母的用钱理念有关；孩子不知道钱从何而来，多半与父母很少跟孩子提及金钱的来源有关。怎样帮孩子改掉"乱花钱"的毛病？孩子"乱花钱"的背后，折射出了孩子成长中的哪些问题？

成龙成凤"成"在家教

经典事例

故事一：不买玩具就耍赖

商场里，奶奶在劝慰耍赖的孩子。"宝贝听话，小汽车家里已经有很多了，别再买了。"……"宝贝，天快黑了，奶奶要回家做饭了，等下爸爸妈妈回到家没饭吃了哦！"……"我说不买就不买，你走不走？你不走我自己走了，你一个人在这里蹲着吧。"……"好了好了，怕了你了，这是最后一次给你买小汽车了，以后跟奶奶出来买菜不准买玩具！"

故事二：贵的水果好吃

李女士的家庭经济情况很一般，最近发生了一件让她头疼的问题。上小学2年级的女儿最近迷上了樱桃，总是让妈妈给她买来吃。这种颜色鲜艳，吃起来酸酸甜甜的小果子，售价70～80元每公斤，让李女士又爱又恨。"妈妈，我想吃那种红红的果果。"一次，当女儿提出这个要求时，李女士装傻："哪种红红的水果？是红枣吗？女儿虽然不知那"红红的果果"叫"樱桃"，但也知道不叫"红枣"，又开始向妈妈描述。"为了尽量满足女儿的要求，我只能时不时买给她吃，买得我心好疼……"李女士说。

感悟点滴

（一）孩子需要平等和尊重

商场里常能看到这样的场景，孩子想要一样东西，如果妈妈不允许购买，孩子就在地上哭闹、打滚，非买不可。有的妈妈认为，不能老这么惯着孩子，有了第一次，就会有第二次，以后他想要什么就非要买什么，会把孩子惯坏的。如果孩子赖着不走，就硬生生地抱走。有的妈妈很无奈，孩子倔强得很，不给他买就哭天抢地，听着孩子的哭声，自己也觉得于心不忍，最后还是买了。

教育专家告诫父母，当孩子为了得到自己喜欢的物品在地上打滚哭闹时，妈妈不能妥协，但在不买的同时，也要给孩子平等和尊重。"硬生生地把孩子抱走，让他远离玩具摊，确实非常快速了当，但这会给孩子留下内心的创伤。"专家说，孩子的问题大多会在青春期大肆爆发，那些不受到成人给予平等和尊重的孩子，在青春期时会非常反叛，引导不好甚至会走入歧途。

那么妈妈应该怎么做呢？如果妈妈根据自己的喜好随时要求孩子，孩子当然会"乱"；只有制定了标准，才能确定孩子是否是"乱花钱"。这里给妈妈们推荐一个"ABC 原则"。

1. ABC 原则

（1）事前约定。例如去逛超市，妈妈在出门前与孩子约定好，妈妈只能买什么，孩子只能买什么，商量好了再出门。约定要本着不伤害别人、不妨碍别人的原则来制定。

（2）事中提醒。如果已经约定好了，就要坚决执行。当孩子遇到不在计划之内自己想买的东西时，就要提醒孩子："我们约定好了的，不能买其他的。"而这时也是家长在孩子心中树立威信的时候，妈妈在逛超市时也不能随意买约定范围之外的东西。

（3）事后总结。例如从超市回到家里，妈妈可以对孩子说："今天宝宝在超市看到了很喜欢的玩具，想买，但是还是遵守了与妈妈的约定，宝宝这样做非常棒！我们现在来讨论，宝宝喜欢的那个玩具是否真的有买的必要，要不要下次去的时候再买。"

（二）为孩子提供更多的选择

李女士为了满足孩子的需求，不伤害孩子的做法是可取的，但更重要的是找到并满足孩子没被满足的另一个心理需求。

妈妈应该尝试接纳孩子对事物的喜好，明白孩子有想买他喜欢的物品的需求。李女士可以这样对孩子说："妈妈知道你很喜欢吃樱桃，妈妈也很喜欢吃，但是樱桃价格很贵，如果我们总是吃，妈妈会感到压力有点大。我们来想一个办法让宝宝又能吃到樱桃，又能让大家开开心心的方法好吗？"妈妈可以动之以情、晓之以理，与孩子约定，如一个月只买一次，一次吃多少颗等，让孩子慢慢理解并按约定持续去做。

比起盲目地满足孩子的需求，发现需求背后的原因更重要。有时孩子想要某样东西，是为了证明他的重要性，让妈妈更多地注意他。妈妈应该做到的是，找到自己在和孩子互动的过程中，孩子的什么需求没有被满足，例如妈妈应该检视自己：是否对孩子的关注不够？同时，妈妈还要注意提供更多的选择给孩子，让孩子尝试其他新鲜的事物，转移其注意力。

教会孩子花钱

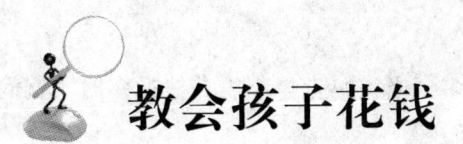

花钱也是需要学习的，有人说，零用钱是孩子学习消费的"学费"。确实，花钱不是一件简单的事，从分析需要、节制欲望到收集资讯、选择商家、比较商品的质量与价格，再到讨价还价、找零核对，在支配零用钱的过程中，孩子能学到的东西很多很多。

所以，年轻的妈妈不要排斥孩子用钱，而要教孩子如何花钱。

经典事例

因为家离学校比较远，小志在学校住校，小小年纪，就要学会独立生活，确实不容易，所以每周回家，妈妈总是要做好吃的犒劳犒劳他。每周日下午要返校的时候，妈妈都会把零花钱给足了，小志每次都会说："哎呀，够了呀，我也用不完的！"

这时，爸爸就会补上一句："给你钱你就花，别省着，爸妈供得起你上学！"

"可是，我确实够花了啊！"小志还想跟爸爸争辩。

"哎呀，儿子赶紧走吧，给你你就拿着，别替家里省着，尽管用，用不完再拿回来嘛！"这时妈妈一边把小志送出门，一边劝慰小志道。

刚开始小志除了日常的开销，没有别的嗜好，爸爸妈妈给的钱每次都花不完。但是后来，交了几个爱玩游戏的同学，他用钱就开始大手大脚起来了。每次回家，都会主动要爸妈多给他点钱，这样就可以买游戏点卡了，或者用来买游戏的账号，给游戏充值。

小志的钱越花越多，当爸妈觉得小志花钱过多时，就问他："你为什么每周要花这么多钱啊？"

"你们不是老说不要给家里省嘛，要我有钱拿着就花，我怎么知道会花这么多钱啊？"小志随口答道。

"那你知不知道钱从哪儿来的啊？"妈妈问道。

"从爸爸的口袋里来的呗，每次我都看见他从口袋里掏出一把钱。"小志如实地答道。

感悟点滴

（一）父母怎么给孩子零花钱

1. 时间

（1）年龄越小，间隔越短。研究表明，孩子年龄越小，计划与控制的能力越差，因此，给零用钱的间隔应该越短。一般说来，10 岁前的孩子一周给一次，10 岁以后的孩子可以酌情半个月、一个月给一次，直到延长到一学期给一次。

（2）定人定时发放。最好定时定人给孩子发零用钱，如每周一发放，类似工资的发放形式。在这个时间发放，可以避免周末发放迅速赤贫的现象；定人发放，可以防止重发冒领的情况。

（3）金额。给孩子多少零用钱合适呢？这个没有固定的标准，要酌情而定，要考虑到零用钱将要涵盖的消费项目，要考虑到父母的经济状况，要考虑到市场行情（参考其他小伙伴的标准），要考虑到孩子的年龄水平。一般说来，10岁前的孩子零用钱通常不包括日常的生活消费，如车费、饭钱等。7岁以下，建议每周的零用钱不要超过5元。

2. 结构

零用钱也可以分为几部分，可效仿成人薪酬的结构工资制，由基本工资与额外的奖励与报酬构成。除每周固定的"基本工资"外，孩子可通过家务劳动获得报酬或通过出色表现获得奖励。这样，孩子会慢慢领会到，只有靠劳动与努力才能赚到更多的钱，世上没有不劳而获的美事。

（二）零用钱怎么用

1. 学知识

3岁以后，孩子就可以学着认识纸币和硬币了。认识钱币不光是让孩子说出钱币的面值，还应知道它们所代表的实际价值。如乘公共汽车时，让孩子去投币，知道有空调的公交车票比没空调的贵；夏天，让孩子去买冰棍，了解不同品牌的冰棍，价格是不一样的；去儿童乐园时，让孩子知道10元钱可以玩哪几样游乐活动等。

稍大的孩子，可以让他们见证零兑整、整兑零的交换活动，了解钱币单位之间的换算关系。

2. 学消费

孩子刚开始学花钱，妈妈要多给指导。孩子在花钱买东西的过程中，妈妈要教会孩子审慎决策，形成合理的消费观念，培养基本的消费能力。

（1）"买什么"——学习按需消费。有了钱，孩子对买什么并没有概念，妈妈要帮助孩子逐步分辨：哪些是必需的，哪些是可有可无的，哪些是浪费，知道该花的钱要花，不该花的钱要省。

通过教孩子使用零用钱，你可以向孩子传递良好的生活理念，如商品是买不完的，我们必须学会理性地取舍，在满足部分愿望的同时，就得节制其他的欲望；一个人的财富与地球上的资源都是有限的，节俭是一种美德，它可以使我们能够把更多的钱用在更有意义的事情上。

（2）选择卖家。小孩子没有花钱的经验，往往拿到钱就往商店跑，找到商品就是它了。大一些的孩子，也许稍稍懂点质量优劣与价格贵贱，但大多也不能兼顾二者，要么一味追求品牌，要么盲目追求省钱。

孩子怎么确定要买的东西该向谁买、买哪种？妈妈不妨在带着孩子逛超市时，在琳琅满目的商品陈列架前货比三家，比较货品的质量与价格，学会综合权衡。

（3）讨价还价。专家认为，"讨价还价"是一个有趣的心理游戏，让孩子明白商家的出价与物品的实际价值之间是有空间的，学一点"生意经"，避免以后"吃大亏"；附带着，孩子的语言表达也得到了锻炼。

买东西还可以训练孩子的运算能力。带孩子一起买东西时，简单的运算可以让孩子去完成；让孩子替大人跑腿买东西时，要求他汇报价格与余额，这些都是训练孩子找零核对的实战机会。

3. 学理财

孩子上小学以后，就可以利用零用钱进行相关的理财教育了。

（1）给孩子开设一个银行账户，让孩子熟悉金融机构办理手续的一般程序，知道账户里的钱属自己所有。

（2）学会计划开支，比如可以让孩子拟一个本周开支的清单计划，为自己的各项开支作一个大致的预算。

(3) 学会记账与核算。用一个小账本记录自己的开支项目，周末核算看是否有不理性的消费，收支是否平衡，各项开支与预算是否有出入，是预算不合理还是消费失度，及时总结以便调整下周计划。

(4) 针对大宗物品，可以让孩子体验一下积攒与借贷的意义。比如，孩子想买一双轮滑鞋要100元。妈妈可以提议孩子通过劳动报酬与表现奖励争取额外的收入，同时每周积攒5元，攒足3个月，凑满60元，再向妈妈借贷40元，2月还清，付息2元。在这些半真半假的金融活动中，孩子可以真切地领会到储蓄与借贷的意义与价值。

4. 学习爱

除了使用金钱，妈妈还要让孩子知道钱的意义不只是钱。

很多妈妈在捐赠活动中妈妈掏钱孩子捐赠，除了达到募捐的目的，孩子并没有受到爱心教育。最好是让孩子掏自己的钱，孩子就会面临得与失的权衡与选择，这时无论捐多捐少都是爱心的洗礼。节日或生日时，让孩子用零用钱为妈妈买一些小礼物，用钱来传递爱与表达爱。这样，孩子才能懂得钱除了可以满足人的欲望，还有更多更高的价值与意义。

(三) 特别提醒

1. 做家务不给孩子支付零用钱

孩子是家里的一员，家务是每个家庭成员应尽的责任与义务，孩子分内的劳动如收拾玩具、保持自己房间的整洁必须完成，不该计取报酬。额外的劳务可以考虑适当报酬，如帮妈妈去小区的便利店买包盐，找的零头不妨归他。

2. 钱和爱没关系

零用钱不能和爱挂钩。零用钱的有无、多少与妈妈对孩子的爱无关，这一点

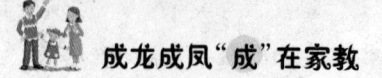

妈妈都清楚。但我们仍然会不自觉地向孩子暗示两者的关系,比如"你最近表现很不好,我不喜欢你这样,再这样做就别指望我下周会给你发零用钱了""我爸我妈就是比你爸你妈心疼孩子,你看他们给咱儿子这么多压岁钱""亲爱的,今天我过生日你什么礼物都没买,是不是你已经不爱我了"。

3. 让零用钱成为家庭制度

关于零用钱,妈妈应郑重其事地和孩子进行协商,要让孩子感觉到零用钱是家庭生活中的一项制度,不是妈妈对孩子施压的一张王牌,不会因妈妈的情绪好坏而随意增减数量。零用钱协议一旦达成,双方都必须遵守。

孩子在零用钱的使用过程中,难免会出错,不要责怪孩子,给他机会锻炼,钱就会越花越明白,孩子也会越来越聪明。

给孩子"合脚"的教育

教育家一直在探索,什么样的教育才适合儿童,儿童又应该以怎样的方式接受教育?这些话题一直备受关注却又争议不断。一方面,"不让孩子输在起跑线上",幼儿园"小学化"的现象屡见不鲜;另一方面,"别让孩子伤在起跑线上",过度的早教显然违背了孩子的玩耍天性。那么,孩子从小学音乐、练舞蹈,这类学前艺术教育,究竟是快乐教育,还是牺牲孩子快乐的教育?

经典事例

王先生深信早教对孩子大有裨益,他对女儿小玉的教育甚是关心。小玉的爷爷奶奶是大学教授,他们夫妇又都是研究生毕业。出生在书香门第家庭中的小玉,自然也秉承了父母的优良基因,聪明伶俐的她属于那种好学安静的孩子。

小玉还不到两岁,已经认识几百个汉字了,见到字就要念,不认识的字就会问家长,而且数字只要教一遍就能够记住。在小玉两岁时,就会数数了,对一些简单的数字游戏更是信手拈来,很多人都认为小玉的智力超常。

女儿出众的天赋让王先生喜出望外,也决心把女儿培养成才。于是,在小玉4岁时,王先生就正式给她上语文、数学、英语课。小玉学得很快,在上小学前就已经学完了小学三年级的课程。

由于小玉提前学过小学课程,所以她读小学很轻松。因此,李先生又专门给她请了钢琴和美术老师。到二年级时,李先生又给她报了奥数、作文和英语兴趣班。就这样,只有7岁的小玉,每周除了上学之外,还要参加5个课外辅导班,而且每个班都有作业,钢琴要每天弹一小时,每天还要画一幅画,做5道奥数题,背10个单词,每个星期还要写一篇作文。

上学后,小玉就没有了自由,每天的生活都只有学习这一个主题,几乎没有休息的时间。那时因为小玉年龄小,所以也没有什么怨言,可是随着课程的增加,她开始感到不满、烦闷。星期日,小玉还没完成钢琴的练习曲目,语文老师又布置了很多练习题,看着别的小朋友都在公园里玩耍,而自己却在发愁无法完成这么多的作业,这时,小玉再也无法保证每天弹一小时琴的课后作业,当老师检查时,小玉挨了批评。

紧接着，父亲又为小玉报名参加了学校的古诗文诵读达标活动，自然需要花费大量的时间来背诵，所以，又没时间练习钢琴。当然，这次的钢琴课，小玉弹得又不是很理想，接连两次都没有完成规定的曲目，小玉的自信心大打折扣。从此之后，虽然小玉的学习成绩较为稳定，但是钢琴弹得越来越差，而且经常出现返工的曲子。为此，王先生经常批评她，这种情况持续了半年之久。小玉终于向爸爸提出，不想学琴了。当时，王先生狠狠地数落了女儿，从那之后，小玉弹琴的热情一落千丈。

知道爸爸心意已决，一定不会让自己放弃钢琴的，小玉便决定用自己的方式解决问题。她先是说肚子痛不能上课，而后又说跟不上奥数和英语课，所以不想去上课了。当爸爸告诉她必须去上课时，她却因耽误课程太多，而真的跟不上了。学期考试结束时，一直稳拿100分的她，居然只考了60多分，王先生感到很不满，小玉也为此感到很沮丧。

事情到此，王先生依然没有意识到，家庭教育已经出了问题。为了帮女儿补上落下的课程，王先生开始亲自给女儿做辅导，加大了她的作业量。虽然小玉极其不愿意，为此也和爸爸起了很多次冲突，但是她的反对一直无效。直到最后，她开始用逃课的方式抗衡爸爸的独断专行。

进入初中后，王先生丝毫没有吸取以前的教训，又给女儿报了3个学习班。才上初一的小玉，为了应付学校的作业和辅导班的作业，每天不到午夜12点根本上不了床。可即使是这样，她的成绩并不拔尖。一段时间过后，小玉向爸爸提出要休学一年，直到这时候，王先生才觉得事情很严重。于是，他去学校和老师交流，这才知道小玉上课不是睡觉，就是走神，几乎看不出半点学习的劲头。

不久之后，小玉再也无法坚持上课，只好在家休学一年。王先生每每谈起这件事都悔恨地说："我实在是一个愚蠢的父亲，女儿在上小学时，厌学的心理就已初显端倪，而我却对此毫不在意；到了初中，孩子已经进入青春敏感期，可是我却变本加厉，进一步促发了孩子的厌学心理，最终使聪明伶俐的女儿受到了伤害。"可是后悔已经来不及了。

感悟点滴

艺术是幼儿教育中的重要部分，艺术教育直通孩子的心灵，能使小天使们练就积极心态、培养"自理自主自信，大胆大方大气"的气质——艺术教育能否对孩子"润物细无声"，对幼儿的成长至关重要。

印度哲学家奥修在《当鞋合脚时》一书中写道，"当鞋合脚时，脚就被忘记了"。对孩子的艺术教育亦是如此——孩子需要"合脚"的教育，"穿"上时不"硌脚"，甚至感受不到自己正在"被教育"。好的教育，应该如呼吸一样自然。

遍观如今的家庭教育，艺术教育仍不时遭受"硌脚"的痛苦。尤其是，"打着学钢琴""逼着学舞蹈"的情况屡有耳闻。实际上，错不在艺术教育本身，而在于教育目的有偏差，教育方式不合理。

如果能将养成教育作为一项基础课程，同时，将艺术教育融入日常生活，那么，学前的艺术教育就不会是孩子的负担，而是会欣赏、能享受、乐表现的幼儿的孵化器。

孩子在接受艺术教育的过程中，父母应特别注意培养孩子积极乐观、健康向上的生活态度、敏感的心灵和细腻的感受，注重以音乐为单元，将情感融入其中，使每个单元都传递一个做人的道理。比如，一部音乐作品《毛毛虫的新衣裳》，不仅让幼儿了解体验悲伤和快乐的情绪，还要让孩子感受理解"人人都需要关爱""每个人小的时候可能都是毛毛虫，但是我们长大就会变成美丽的蝴蝶"的人生启示……

幼儿园也可以将音乐教育渗透到孩子每天的生活中。在幼儿园里，每天的晨间舞、课间操、离园活动，都可以安排不同风格的音乐作品；每个班级针对幼儿的年龄特点和兴趣爱好，将音乐穿插在日常生活的各个环节，如入睡之前、区域游戏、收放玩具、喝水洗手等环节都有特定乐曲，让幼儿每天都沐浴在音乐氛围中。

艺术教育对孩子的影响应是"润物细无声"，从游戏中、生活中、老师的行为举止中，给孩子以触动，从而培养孩子形成健全的身心、良好的习惯、健康的审美，让孩子快乐地成长。

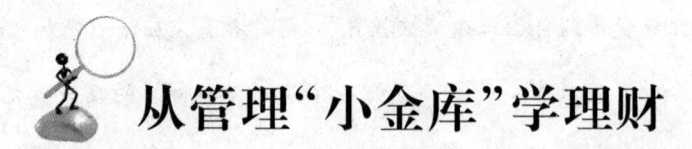

从管理"小金库"学理财

现在的孩子从小就开始接触钱，比如压岁钱、零花钱，不少孩子甚至已拥有自己的"小金库"。如何跟孩子谈钱，如何培养孩子的财商和理财意识，成为妈妈们要考虑的问题。

经典事例

春天到了，这天上课，班主任带来一个好消息，学校要举行春游活动，听到这个消息，六（2）班的教室里开始沸腾了。雯雯和小米坐在前后排，雯雯回过头来问道："小米，这次春游，你准备带多少钱啊？"

小米昂起头，想了一下说道："我准备带50元吧，你呢？"

"干吗带那么多啊？我带10元钱就够了！"雯雯说道。

"嗯？50元多吗？我也不太清楚哦。"小米心里有点疑惑地说道。

放学回家，小米把春游的事情跟妈妈说了，并且问妈妈道："明天春游，老师说可以带一些零花钱，你说我带多少好啊？"

妈妈二话没说，从上衣口袋里拿出钱包，从中抽出100元，柔声说道："妈妈给你100元，你喜欢买什么就买什么，好吗？"

看着100元钱，小米不解地问妈妈："芳芳说只要带10元钱就够了，你为什么要给我100啊？"

"给你钱充足一点是不想你委屈啊！你要是用不完可以拿回来嘛！"妈妈随口说道。

第二天，大家如约出发。景点门口有卖手工艺品的，小米带着100元钱，看见什么喜欢就买下，不一会儿工夫已经花了30多元了。不知不觉到了中午，学校为每个人提供了快餐，小米嫌快餐难吃，就去景区的餐厅买了汉堡来吃，又花了20多元，后来又买了些小玩具，等到回家时，她兜里的100元钱已经所剩无几了。

回到家后，小米给妈妈展示了她购买的小玩具，妈妈和小米一起欣赏了一番，也没有谈钱用多少的事情。

从小，爸爸妈妈就很宠爱小米，从来不会在钱上委屈她，她要10块，爸妈就会给20块，总是给小米足够的零花钱。平时，他们自己花钱也大手大脚的，有些东西，本来可以在附近的超市买到，非要跑到专门的商店去买进口的，说这样可以提高生活品位。还有，好多家庭生活用品本来可以在网上购买，又省钱又省力，但是小米爸爸觉得这样失去了购物的乐趣，非要开着车跑到几公里外的卖场去买。

感悟点滴

和孩子聊天时,有的妈妈常会回避钱的问题,担心孩子会变得现实起来。但在美国,理财教育被称作"从3岁开始实现的幸福人生计划",美国妈妈并不是一味将孩子关在童话世界里,而是教他们认识金钱,传授"取之有道,用之有度"的观念:

(一)不同年龄段的孩子理财意识培养各不相同

理财专家指出,孩子理财意识的培养可以分成三个年龄阶段,即7岁前、7~12岁和13~18岁。

7岁前的孩子还没有上学,主要是让他们慢慢学习有关金钱的概念,此时孩子还不具备理财的能力,因此压岁钱需要妈妈代为管理。

孩子上小学后,对理财开始形成自己的概念,这个时候妈妈可以在银行开一个活期储蓄账户,让孩子自己去支配,并且进一步向孩子解释有关理财的基本常识,例如银行是什么,如何制定消费计划等。

等升入初中,孩子对理财基本有比较成熟的认识。妈妈可以鼓励孩子更多元化地运用手头的资金,尝试用投资的手段使财富增值。这个阶段的孩子处于青春期,心理上已开始有独立自主的意识,有强烈的自尊心,情绪起伏也比较大,而且喜欢反抗纪律和权威。因此妈妈在和孩子沟通时应当尽量以朋友的姿态给建议,避免以权威压人。

(二)需要的和想要的

妈妈教会孩子区分"需要"和"想要",是引导孩子养成储蓄习惯的关键。

"需要"是解决基本的需求,在一般正常生活水平下"需要"的东西,例如衣食住行等。对于学龄孩子而言,交通费、上学吃饭的费用、上补习班的费用、购买课外书的费用等都属于"需要"层面。而"想要"则是锦上添花的东西,可以提高幸福感,但又并非必需。对孩子而言,类似零食、漂亮的运动鞋(衣服)、玩具和游戏机等,都是"想要"的范畴。

如果是孩子需要的,可以近乎无条件地满足孩子,而如果只是孩子想要的,则应当引导孩子进行取舍。在取舍的过程中,小孩会学会控制支出,逐渐养成储蓄的习惯。零用钱额度并没有一个明确的数据,可根据孩子的消费状况,计算出"需要"部分的金额,比如每周10元到20元,让孩子自行支配。

培养孩子的储蓄习惯,最好的时机就是当孩子想买一件特别的东西,但能力又不够时,妈妈可通过引导,让这一目标成为孩子储蓄的强大动力。

(三)向孩子推荐基金股票等投资方式

孩子学会了储蓄,妈妈可以逐渐向孩子输入投资理念。首先,要让孩子对资金的回报率变得敏感,为其建立一个银行账户。过年压岁钱对孩子来说是笔"巨款",最好建议孩子立即存入自己的个人账户,然后再计划用途。同时,妈妈要让孩子明白,银行不仅可以安全地保管金钱,且随着时间的推移,钱还会越来越多。当孩子对资金回报率变得敏感时,就会关注银行利率,同时也会思考怎样才能让钱更快增值。

只要孩子对财富增长产生了兴趣,妈妈可以适时地向孩子介绍股票、基金等投资方式,甚至可以把股票当生日礼物送给孩子,也可以建议孩子将压岁钱投入证券市场。

第七章 点燃智慧的火花

　　孩子长大了，上学了，妈妈的烦恼也"长大"了。上课不听讲、在学校打架闹事、迷上网络游戏、考试成绩不好、不再和妈妈亲密无间。妈妈还能点燃孩子智慧的火花，找回乖巧懂事的孩子吗？

一时的成绩、一世的习惯

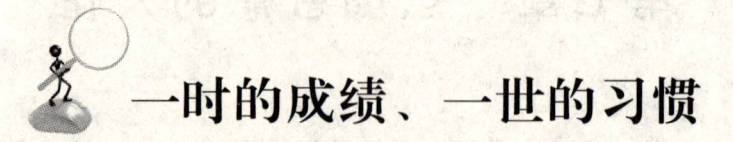

学习习惯是指学生为达到好的学习效果而形成的一种学习上的自动倾向性，良好的学习习惯是学生提高学业成绩的重要保证。妈妈一定要在了解孩子年龄和学习特点的基础上，努力采取科学措施，培养孩子良好的学习习惯。

经典事例

妈妈都知道，好的学习习惯很重要。"就好像砍柴有了一把锋利的斧子一样。所以，你以后放学回来第一件事就是认真写作业，不能拖拖拉拉的哦！要不你的斧头就不锋利了！"妈妈对雯雯说。

"妈妈我知道了，我要写作业了，您是不是也应该做自己的事情了，不要陪我！"雯雯一本正经地说。

"对对，独自完成作业也是一种好的学习习惯，雯雯真棒！"妈妈鼓励道。

感悟点滴

所谓学习习惯，其实是一种自动化的学习行为方式，它的形成需要在学习过程中反复练习。良好的学习习惯比孩子的分数更可靠，比名次更重要，是孩子能学好知识的真正保证。

可以看到，凡是学习成绩持续好的孩子，都会从小形成良好的学习习惯；而成绩忽好忽坏的孩子，则缺乏良好的学习习惯。妈妈一定要改变观念，把注意力从分数和名次转移到孩子的学习习惯上来。

通过科学研究，我们发现，12岁以前是人形成良好行为的关键期，12岁以后，孩子形成习惯已经比较稳固，新习惯要想占据一席之地就不是那么容易的事情了。

养成良好的学习习惯，有利于激发孩子学习的积极性和主动性；有利于提高学习效率；有利于培养孩子的自主学习能力、创新精神和创造能力。好的学习习惯将使学生终身受益。

（一）下面一些良好的学习习惯（主要针对已上小学的孩子），妈妈可以参考一下

（1）学习的主动性。学习积极主动，不需要别人的督促，并能很快地进入学习状态，认真投入不走神，高效率利用学习时间。当然，这种学习状态是一种后续结果，之前需要妈妈一定时间的引导和约束。

（2）上课时能够集中精力。上课时，老师不仅用语言传递信息，还会用动作、表情传递信息，用眼神与学生交流。好的学习习惯包括认真听讲的习惯，要求孩子在听老师传授知识时，认真、不开小差，不做小动作，情绪饱满，精力集中；能抓住重点，弄清关键；主动参与，思考分析，大胆发言。

（3）积极完成学习任务。按时完成老师布置的作业和学习任务，能够计划各个时间段的学习内容，并按计划完成具体的学习任务。

（4）均衡发展，不偏科。各学科发展均衡全面，不偏科。对某些不喜欢的学科，努力培养兴趣，多花时间和工夫。

（5）按时完成预习和复习的计划。课前对即将学习的内容，认真研读、理解，把不懂的问题做好标记，以便课上有重点地去听、去学、去练。这样的预习有助于提高课上学习效率，培养自学能力。课后要对所学内容进行认真回顾、归纳、总结，找出新旧知识之间的联系，形成知识结构。复习是巩固已有知识的最

好办法，也是学习新知识的基础。

（6）积极回答老师提出的问题。课上要认真思考每一个问题，积极回答老师的提问，以促进理解，加深理解，增强记忆，提高心理素质。回答时，声音要洪亮，表述要清楚。

（7）多问几个"为什么"，多思、善问、大胆质疑。多思，就是认真思考知识要点、思路、方法、知识间的联系，以及与实际生活的联系，使所学知识逐渐形成体系。善问，是多问几个"为什么"，以深刻理解所学内容。大胆质疑，就是在学习中善于发现问题，勇敢提出问题，进而认真研究问题，敢于质疑已有的结论、说法，敢于挑战权威。

（8）做好课堂笔记。在专心听讲的同时，要动笔做简单的记录或记号，一些关键性的词句要记下来；重点内容、疑难问题、关键语句，则应当进行"圈、点、勾、画"，重点复习。

（二）有些学习的坏习惯，妈妈要帮助孩子纠正

（1）审题不认真、惰性十足，只看题不思考。

（2）草稿就乱写乱画，最后自己也看不清，草稿纸成为出错的场地。

（3）只重理解，忽视动手整理。

（4）不做笔记，不标重点，过后就忘。

（5）问题还是问题，放着不解决，只求答案，不求解题过程。

（6）对老师有依赖性，主动性不够。

改掉这些坏习惯，好习惯自然也就养成了。

如何让孩子认真听讲

孩子上学后,是否好好听讲,直接影响孩子的学习成绩。课堂学习是学习步骤中最为重要的一环,是孩子获得知识信息的主要渠道,课堂学习效率如何,直接影响着孩子的学习成绩。有很多孩子成绩不好,就是因为不注意听讲,没有理解老师讲授的知识。孩子刚上学时年龄还小,模仿性强,可塑性大,妈妈应当和老师一起,向孩子充分强调上课听讲的重要性,培养他好的听讲习惯。

经典事例

"同学们,哪个同学来背背6的乘法口诀?"老师提问。

同学们争相举手,大有你争我抢的架势。

"丽丽,你来背背吧!"老师点名了。

"哦,一七得七,二七十四……"丽丽刚背了两句,就被同学们的笑声打断了。

"同学们安静!丽丽同学,你没听清楚老师的问题吧?我提问的时候,你一直看着窗外,那里有什么好玩的事情呀?"

"我……我……"丽丽支支吾吾。

"丽丽同学以后可不能这样了,不认真听讲,老师讲的知识就会从你的身边溜走了。请坐吧!"老师语重心长地说。

丽丽羞愧地低下头。

感悟点滴

孩子刚上学，一般自控能力都比较弱，注意力不容易集中。所以，有些孩子上课时不能规规矩矩听课，喜欢东张西望；有的孩子则心不在焉，对老师讲的内容不感兴趣；还有的孩子一上课就做小动作。时间一长，这些孩子就陷入了这样的恶性循环：上课不注意听讲—知识脱节—学习成绩不理想—对学习失去信心—上课听不懂—更加不愿意听讲。这样的循环下，结果势必就是厌学了。

对学生来说，听讲是课堂上接受信息的第一道大门。这道大门通畅，信息输入就会顺利；此门堵塞，信息输入就受阻。孩子的注意力集中时间有限，作为老师，要想办法吸引孩子的注意力，训练他们认真听讲，妈妈当然也有许多的工作要做。

（1）帮孩子做好课前准备。上学前，妈妈应督促孩子整理好书包，准备好上课需要的学习用具，还要检查书包中是否带了卡通书或玩具，避免引起孩子分心走神。

（2）保证孩子每天都有足够的睡眠。帮孩子养成定时睡眠的好习惯，保证他每天10个小时的睡眠，只有睡足觉孩子白天才有好精神。

（3）从老师那里获取孩子的情况。妈妈要经常与老师沟通，及时了解孩子的听课状态，如果发现问题，赶快采取应对措施。

（4）做些加强注意力的训练。比如，在说话时让孩子的眼睛看着你，不做小动作；讲完后让孩子复述你的话，并说说自己的理解；讲故事时提一些问题，让孩子来回答；回家以后让孩子复述老师讲授的内容。

妈妈要给孩子做个好榜样，如，自己也要认真听孩子说的话，认真回答孩子提出的问题。

如果孩子上课不认真，妈妈不要急着训斥孩子，先要耐心地去询问他，了解他没有认真听讲的原因。这时你会发现孩子不认真听讲的原因可能是没睡好觉，因而烦躁不安；或者是跟同学闹了别扭，担心小朋友不跟他玩了；还可能是上课时惦记着昨天动画片里的情节和人物……知道原因后，再对症给予合理的教育"治疗"，对症下药的效果肯定更加显著。

不能被替代的书籍

按照教育部的规定，我国新课程标准明确指出，学生在小学、初中、高中阶段，应分别要有累计100、300、200万字不等的课外阅读量。

由北京师范大学青少年网瘾防治研究中心等机构推出的《2012年度北京市中小学生网络生活方式蓝皮书》却显示，如今每天都会上网的学生高达82.9%，70.4%的学生平均每天上网两小时以内，10.6%的学生趋于过度用网。

显而易见，快餐式、娱乐化的阅读更受中小学生喜爱，而这种阅读方式使得质量大打折扣。假期来临，家长们不妨引导孩子们利用这段宝贵的时光，静下心来品味经典作品，愉悦身心，过一个充实而快乐的假期。

经典事例

"彤彤，别玩了，去看书吧。"妈妈提醒着。

"好的，马上。"彤彤答应得挺痛快。20分钟之后，彤彤依然坐在电脑前没动窝儿，全神贯注地玩《植物大战僵尸》游戏。

成龙成凤"成"在家教

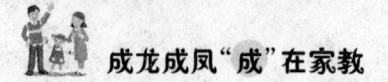

彤彤上小学四年级，在寒假期间，妈妈要求她每天晚上用一个小时读课外书。几天下来，彤彤基本上能保证阅读，但每晚都需要妈妈催促。有时候，她也和妈妈讨价还价："我今天能不能看网络小说？"

在计算机、手机、iPad 伴随下成长起来的中小学生，迷恋电子游戏，也很容易接受网络和手机等阅读方式，对穿越、轻松搞怪、调侃等网络文学更是没有隔膜，一些学生开始以网络阅读、手机阅读代替纸质阅读。

感悟点滴

上、下学时间，在地铁、公交车上，常能见到身着校服的学生拿着手机津津有味地读电子书，或在线阅读。

诚然，网络阅读方式在短时间内满足了孩子获取信息的需求，拓宽了视野，是对书本知识的良好补充。但是，网络阅读和传统阅读效果大不相同。大人们都有这样的体会，在阅读网页上的内容时，我们通常会不自觉地将滚动条向下移动，去捕捉那些有趣的、吸引眼球的部分，并且只了解大致的内容，根本不是一个字一个字读下去的。

与传统阅读不同，网络的性质是鼓励人们浏览，在信息间跳来跳去，或仅是阅读部分信息。这一阅读形式造成资料的"碎片化"现象，而在阅读之后，记忆却不深刻，影响孩子对作品的整体理解；更为严重的是，这种阅读方式，很容易让人变得心浮气躁，等再看那些深刻一些或者需要静下心来仔细琢磨的内容时，心已经沉不下来了。

通常，孩子们在电脑上阅读的多是肤浅的、娱乐化的内容，是实实在在的快餐化"浅阅读"，造成这种现象的原因除了阅读资料的"碎片化"，还在于网络的语言——网络在造就了鲜活语言的同时，也造成了语言的随意、粗俗、不规范。一位资深的语文老师说："如果中小学生长期依赖网络阅读，课外阅读量，尤其是经典阅读量势必减少，深度阅读严重不足，在审美阅读、情感阅读、拓展心智的阅读方面严重缺失，最终导致孩子们语言肤浅、文化品位降低，难以养成思考的习惯，不去关注现实，也不去关注自我的内心。"

由于长期缺失经典阅读，出现了中小学生写作水平普遍偏低，写作文的时候每每出现题材贫乏、平铺直叙，缺乏想象力、创造力等的现象，独立思考的能力也相对较低，当很多成绩优异的学生参加高校自主招生面试时，"虐待动物""文化软实力""中国制造，外国企业盈利""建立怎样的机制鼓励'见义勇为'"等这些有深度、有文化内涵、需要独到见解的综合性问题，往往让他们不知所措。而这些，求助于临时的考前辅导是很难奏效的，它需要学生多年的阅读积累与思考的积淀。

在儿童的成长中，阅读是儿童思想、精神启蒙的过程，是他们的精神、情感、道德、态度、价值观等整体人格成长的过程，也是孩子学习"爱"的过程——学会爱父母、爱长辈、爱同学、爱周围应该去爱的人。而经典作品恰恰经过了时间的淘洗，是穿越了历史风雨的，为很多人所公认的一种有思想含量、有美学价值的作品。它能给孩子一双看世界的眼睛，一个孩子的阅读有多宽广，他的思想就会有多宽广。经典作品对孩子心灵的滋养是润物细无声的，一本好书提供的"营养"，是超越学业的，它足以改变一个人的一生。妈妈可以多带孩子去图书馆，用传统阅读的大环境影响孩子。

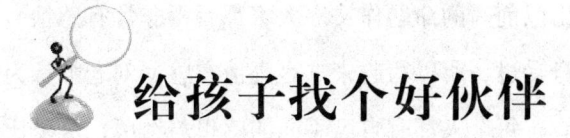

给孩子找个好伙伴

有些家长会有这样的担忧，让孩子接触大自然会让他少学了点什么，其实在自然中玩耍可以开阔孩子的眼界，陶冶性情。

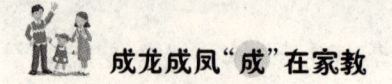

对所有人来说，大自然都是最好的导师，自然是一个丰富多彩的物质世界，它千姿百态、变化无穷，它的教益无穷无尽，它吸引着孩子们的注意力，引发他们的创造力，如果妈妈能有意识地引导孩子接触自然、探索自然，发挥孩子们的天性，打开他们求索知识的通道，孩子将受益无穷。然而现在却有多少孩子没有机会与这位自然导师亲近，他们在本该亲近自然的时候正坐在各式各样的补习班课堂里，守着纪律，看着单调的课本，学着乏味的知识。

经典事例

一天，上课时窗外下起了雪，雪下得很大，很快地上也积了厚厚一层雪，新来的刘老师对同学们说："今天我们上课的内容是，大家一起出去玩雪!"同学们一听立刻欢呼雀跃，刘老师提醒大家注意安全。一群孩子像小鸟般冲出了教室。他们在雪地里堆雪人，打雪仗。刘老师让他们自己接一片雪花，仔细观察雪花的形状，大多数孩子们都发现了每片雪花的形状都不一样。刘老师和同学们一起滚雪球，还让大家比赛用雪来组词造句，看谁说的最优美。大家都玩得非常开心，一节课的时间很快就过去了，刘老师让同学们回到了教室。

大家回到教室后都很兴奋，刘老师对大家说："接下来我要布置今天的作业了，今天回家每一位同学写一篇作文《下雪了》，你们觉得难吗?"同学们异口同声回答："不难!"

第二天，大家的作文交上来，刘老师改了之后发现，每一位同学都写得非常棒! 质量远远高出以前写的命题作文。大家都写得非常有感情，并且很真诚。因为他们曾经感同身受过，所以写起来都是真情实感。刘老师认为让孩子们真正走进自然中玩一下雪，每个人都有自己不同的感想与经历，这要比让大家坐在教室里，看着外面下雪然后憋一篇作文出来，或者参加一个作文补习班在老师的指导下写出一篇作文来好得多吧。

感悟点滴

为了不让孩子输在起跑线上，现在很多妈妈从孩子幼儿园开始就给孩子报名参加各种补习班。孩子们在课本上学到对于春天的各种动人描写，百花的香味、细细的柳枝，天空中飞过的燕子……或是在诗歌中读到夏天饱满的热情，炽热的阳光、成片的绿树、荡漾的河水……可是，孩子们对这些描写仅仅是从课本上读到，却没有亲身体会过，因为他们没有走出过课本，就不会有感性的体验。

大自然既是孩子最好的导师，也是孩子的好伙伴。妈妈们不要以为只有补习班才能让孩子提高成绩，多接触自然更能提升孩子对事物的感知力，激发他们的创造力，这是补习班所不能带给孩子的。妈妈应该多提供孩子拥抱自然的机会。尤其是生活在城市中的孩子们。长期居住在钢筋水泥的森林中，远离自然，许多孩子很少有与大自然亲密接触的机会。妈妈可以定期带孩子出去郊游或者踏青，让孩子多做有氧运动。

家长大可不必担心让孩子接触大自然会让他少学了点什么，在自然中玩耍可以开阔孩子的眼界，陶冶性情。河畔的青柳，森林的鸟语花香，耸立的参天大树，嫩嫩的小草……这些都能让孩子感受到自然的亲切与美好。在户外活动中，孩子同样可以学习各种知识。例如妈妈可以带孩子到森林公园，在玩耍中，让孩子用一些词语来形容天气，或者用一些成语来形容心情，让孩子把看到的景物描述出来等，培养孩子的语言能力。也可以让孩子数一数附近某个范围内有几棵树，有几种颜色的花，或者让孩子观察不同种类的植物，培养孩子数学逻辑思维能力。

家长不要过于苛责孩子，要让他尽情地玩耍。不要因为孩子在草地上打滚或是钻到了草丛里弄脏了衣服而喝斥孩子。让他们在自然中自由地去听、去看、去闻、去摸，通过探索，孩子自然能学会从不同角度来思考问题，开拓思维。同时也会培养思维迁移能力，将自己所感受到的知识以及从自然中被激发的创造力迁移到学习中去。

成龙成凤"成"在家教

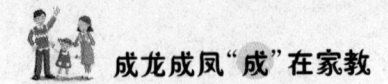

家长与孩子一起走进大自然，进行户外活动也是维系亲子关系的良好纽带。更重要的是，接触大自然也能历练孩子的性格，陶冶情操，让他们变得更加开朗、坚毅。通过在自然中发现问题，自己探索，然后想办法解决，不仅仅是锻炼智商，更是培养情商。

所以，放手让孩子去接触大自然吧，带着孩子一起享受美丽的自然，相信大自然远比补习班让孩子获益更多。

被抹杀的奇妙世界

孩子小的时候，常常有些"荒谬"的想法，千万不要取笑我们的孩子，他们需要这些想象……爱因斯坦说过："想象力远比知识更重要，因为知识是有限的，而想象力概括着世界上的一切，并推动着进步。想象才是知识进化的源泉。"每一个纯真的孩子都有无穷无尽的想象空间，你还记得自己小时候有很多的奇思怪想吗？是否感叹岁月一步步侵蚀了它呢？你惊奇于自己的想象力是怎么丢掉的时候，是不是也得警惕自己的孩子不要重蹈覆辙呢？

经典事例

上课了，老师提问："雪化了是什么？"有一个孩子给出了一个出人意料的答案："雪化了是春天。"老师生气地说："荒谬之极，难道你连这点常识都不懂，你以为这是写诗呢？"让我们再看看美国课堂上发生的故事：同样是老师的提问:"树上的叶子是怎么掉到地上来的?"一个稚气的小女孩嘴里冒出了很多很多的答案,她说:"爬上树摘、用剪子剪、使劲摇……"虽然没有一个是标准答案,但老师还是笑眯眯地听着,并竖起大拇指赞扬学生"想法多""有创意"。

是的,谁不曾有过充满想象力的童年呢?遗憾的是,大多数中国孩子的想象力最后都是被一次次的考试和所谓的标准答案抹杀了。

感悟点滴

诺贝尔奖金获得者利奥彼德·鲁齐卡的父母没有什么文化,可是幼儿时的鲁齐卡富有强烈的好奇心,他常瞪着大眼睛问父母:"天为什么是蓝的?""水从哪里来?"……许许多多的"为什么"使他的父母解答不了,但他的父母并不阻止儿子发问,而是怀着喜悦的心情鼓励儿子:"好好学习吧!相信你将来会弄懂的!"正是这样的鼓励,使鲁齐卡不断奋进,最终登上了科学的巅峰。

好奇是孩子的天性,是孩子求知欲最直接的反映,越是聪明的孩子,好奇心越强。

如何让孩子的好奇心一直旺盛呢?当妈妈的要理解孩子。如果孩子看到新鲜好奇的东西,做妈妈的表现出漠然的样子,就会冷了孩子的心。孩子的好奇心有时会冲破妈妈的知识范围,这是很正常的。妈妈对孩子的发问一时答不上来,可以通过翻书或向人请教,有了正确的答案,事后再告诉孩子,千万不能搪塞敷衍。

每一个孩子都有一个完美的待开发的好脑袋。作为妈妈,我们要做的就是呵护和开发这个未来有无限可能的小脑袋瓜,再也没有什么会比孩子的求知欲更旺盛,满足他的好奇心,他在将来就会给你一个很大的惊喜。

没有孩子会拒绝《哈利·波特》那个浪漫而神奇的魔法世界。正如我们童年没办法拒绝看《ET外星人》一样。多带孩子看这些童话色彩浓厚的文学作品,能极大地开发孩子的脑神经。大人看《哈利·波特》,也许是找回童年的感觉,但小孩子看《哈利·波特》，却能看得比我们远得多，说不定他的很多想法比作者 J. K. 罗琳还要千奇百怪呢。

绘画大师达·芬奇的第一堂课是从学画画开始的，画的还是简单的鸡蛋，但就是以这简单的线条为起点，终点却造就了伟大的科学家和艺术家。美术能够锻炼孩子对线条、平面、色彩空间的灵感。让孩子从小接触美术这个异想世界，让他从小就养成准画家的思考方式。

什么最有想象空间？线条？画面？为什么我们会对电台 DJ 的声音久久不能忘怀，并在心中开始构思对方的形象？声音被证实是最具想象空间的媒介。这也是为什么很多科学家建议孕妇安胎的时候多听古典音乐的道理。一场辉煌的交响乐，一支安静的摇篮曲，一首动人的流行曲……都能给孩子带来心灵上最大的触动。就像久石让创作的音乐童话王国，在音乐的奇想世界里漫步、飞舞……

游戏是孩子的基本活动，特别是那些能激发幼儿想象力的游戏，玩具和游戏材料是引起孩子想象的物质基础。要多为孩子提供各种不同的游戏材料和玩具，可促使孩子去做相应的游戏，产生相应的想象。

给孩子几个几何图形，让他自由想象，他能组成自己喜爱的各种形状与物体。

为孩子提供半成品的材料，让孩子在制作过程中想象、加工、制造和创造。在游戏中，要启发孩子积极主动、生动活泼地去想象。

可以模仿家庭生活，让孩子和其他小朋友一起"过家家"；还可以模仿社会活动的"看医生""当警察""扮老师""打电话"等；还可以与孩子一起涂鸦画画。

跟孩子互换，让孩子当一天家长，自己当一天孩子。让孩子体验其中的乐趣和艰辛。

和孩子一起看《哈利·波特》，一人分饰一个角色，让孩子如演员一样进入书中意境。

第八章 陪孩子一起做"白日梦"

"白日梦"是孩子的天性,就如同孩子爱玩儿一样,妈妈可以利用孩子的这种天性,让他们在"童言无忌"的问题中学到更多的东西。妈妈可以告诉孩子,爱做"白日梦"还要会做"白日梦"。当孩子带着无比的乐趣和好奇心沉浸于天真无邪的"梦中"的时候,妈妈就成为了他们生命中最忠实的玩伴。

不要忽略孩子的"傻问题"

孩子的问题总是千奇百怪的，有很多问题就是再平常不过的事情了，但是孩子却能问个不停，有的问题问得妈妈都回答不出来。

孩子的问题都是自己头脑想象出来的各种画面，善于提问题的孩子一般都是比较爱思考的孩子。面对孩子的问题，妈妈应该是采取应付，还是仔细讲解呢？

经典事例

早上起床，小佳望着窗外白茫茫的一片，高兴地大叫："妈妈快看，下雪了！"妈妈说："下雪天冷，今天可得多穿点儿。"就妈妈的这一句话，引出了小佳的一串串问题。

准备上幼儿园了，妈妈忙着为小佳穿上厚厚的棉服，小佳呢，嘴也不闲着，边穿边问妈妈："为什么下雪了要穿棉衣？"妈妈笑了："下雪是因为天上的水汽遇到冷空气而变成雪花下到地面，雪要重新化成水，需要吸收地面的热气，这样，我们就会感到冷，觉得很不舒服。那怎么才能不冷呢？只有多穿衣服，防止身上的热气散发出去，我们才会感到暖和。不信，你伸手到窗外试试。"小佳妈妈打开窗户，让小佳把小手伸到窗外，小佳冻得一激灵，赶紧把手缩回来。妈妈让小佳戴上手套，再把手伸出去，小佳就不觉得冷了。妈妈说："你看，手套把你的手捂住了，热气散不出去，你就不觉得冷了。"

走在去幼儿园的路上，小佳发现，厚厚的雪地里，有一串串像小花一样的印记，特别漂亮。小佳大叫："妈妈快看，雪也会开花呢！"妈妈仔细看了看，告诉小佳："宝贝，这不是雪开的花，这是小猫的脚印。每种动物的脚印都不一样，小猫的脚印很漂亮，像梅花。你踩一个看看，再和妈妈的比比。"妈妈和小佳各踩了一个鞋印，小佳比了比说："我的脚印小，妈妈的大。"这个问题解决了，小佳的另一个问题又来了："妈妈，我们穿棉衣就不冷了，可小猫什么都不穿，它怎么不怕冷，是不是动物们都不怕冷呀？"妈妈说："小猫不怕冷，是因为小猫身上有一层厚厚的皮毛，就像我们穿了一件皮衣，所以就不觉得冷了。但是，也不是所有动物都不怕冷的。像小燕子，它们就怕冷，早早就飞到南方去了。还有青蛙、蛇这些动物，都钻到地底下睡大觉了，要到春天天暖和才出来，这叫冬眠。"

小佳反应快，马上又有新发现："妈妈你看，松树没有落叶，它怎么没枯死呢？"妈妈把小佳带到松树下边，指着松树叶子让小佳看："以前妈妈说的是大多数植物的过冬方法是落叶，并不指全部。松树就是个例外。你看，松树的叶子像什么？"小佳说："像针。"妈妈说："对了，松树树叶像针一样细细长长的，需要的水分要比大片叶子少得多，加上松树叶子上有一层蜡质的膜，可以避免水分蒸发，所以，它不落叶也可以过冬。柏树也是这种情况，冬天也不会落叶。"

快到幼儿园了，小佳的问题还没完呢："妈妈，小动物有不怕冷的，有没有不怕冷的树呢？"妈妈说："有啊，有一些是不怕冷的，还在冬天开花结果呢，像梅花，冬天虽然叶子都掉光了，可还开了满树的花，可漂亮了。还有水仙花、山茶花，都是在冬天开花的。另外，金粟兰、珊瑚木这些植物会在冬天结出红红的果子，这些果子就成了留在北方过冬的鸟儿的粮食了。"

感悟点滴

孩子的问题随时都会提出来,在成人看似很平常的事,孩子也会问出几个"为什么"。只要可能,家长应马上回答孩子的问题,并尽可能让孩子亲身体验,以加深孩子的印象。如果不能马上回答,要当着孩子的面认真记下这些问题,并尽快把答案告诉孩子,以示对孩子提问题的鼓励。孩子之所以问,是因为他们在思考,家长千万别因为孩子问些"傻问题"而笑话孩子,或者敷衍了事,这样会使孩子逐渐失去提问的兴趣。

当孩子再问你为什么时,请积极帮孩子找答案,因为这将非常有助于培养孩子的思考和想象能力。

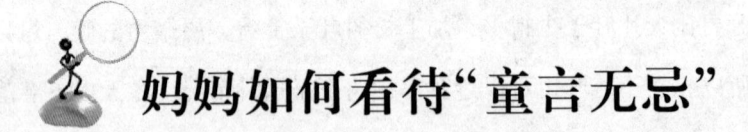

妈妈如何看待"童言无忌"

在日常生活中,妈妈们经常会听到年幼的孩子童真、率真却令人发笑的无忌童言。听了以后会觉得孩子天真可爱,在嗔怪之余大笑一通。却不知道这无忌童言的背后也有文章。

经典事例

故事一：孩子说小区保安是"看门狗"

丁丁在动画片里学到"看门狗"这个词儿。妈妈带他出小区时，他看到小区门口的保安，就大声对保安说："哈哈，你是不是一只看门狗呀？"小保安的脸刷一下子红了，妈妈非常尴尬，就给了丁丁一巴掌，然后对哇哇大哭的丁丁说："怎么能这么跟叔叔说话呢？……"保安小王上来打圆场说："没关系，没关系，小孩子嘛，童言无忌。"

故事二：孩子说胖叔叔真难看

一天妈妈带楚楚去餐馆吃饭。突然，楚楚大声说："妈妈，为什么那个叔叔长得那么胖呢？好难看呀！"一时间，附近的目光都聚集到邻座的那位胖叔叔身上，胖叔叔窘得脸都红了……

故事三：孩子的话让奶奶很难过

东东和爸爸妈妈一起回老家看望奶奶。奶奶特别喜欢东东。可是每次奶奶要抱东东，东东都会嘟着嘴说："不要你抱！"吃晚饭的时候，奶奶给东东夹菜，东东却大叫："不要你给我夹！你的筷子不干净！""你做的饭不好吃！"……大家真不明白东东怎么这样对奶奶说话。

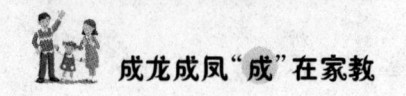

故事四：孩子喜欢说"你这人有毛病呀！"

这段时间，奇奇动不动就来上一句"你这人有毛病呀！"奇奇妈妈十分奇怪孩子怎么会说这句话的，又突然想到前几天自己带奇奇外出时碰到一个胡搅蛮缠的人，奇奇妈妈当时生气就对那人说了句："你这人有毛病呀！"没想到居然被奇奇给记住了。奇奇一说这句话，奇奇妈妈就很生气地对她说："不能这样说话！"可过一会儿奇奇想起来了又会重复这句话……

故事五：孩子不要跟"臭"叔叔"啵"一个

亲友串门快结束的时候，妈妈会让文文跟亲友"啵"一个，妈妈觉得这样亲友会认为自己培养的女儿热情外向。开始文文还乐意，但次数多了文文就皱眉头，嘟嘴巴了。有一次，妈妈又让文文跟小叔"啵"一个说再见，文文却把头摇得像拨浪鼓，嘴里咕噜着："我才不要跟臭小叔啵一个呢……"妈妈先是一怔，然后哈哈大笑着说："哎呀，文文是不舍得让小叔走呢！"但事实是文文一点也不喜欢小叔身上那股浓浓的烟味。

感悟点滴

孩子的童言无忌会让妈妈措手不及，甚至尴尬无奈。当孩子说出令人难堪的"童言无忌"时，妈妈应该怎么应对呢？

（1）其实丁丁说保安是看门狗是不带恶意的，很多时候孩子说这种话可能只是因为他们联想到某个故事里的人物和情节而已。同时他觉得"看门狗"这个词语说起来特别有意思。但是在成人看来，这样的说法是对他人人格的侮辱，是非常不礼貌的。孩子的视角和成人视角就是这样不同。妈妈这一巴掌可能让丁丁丁以后再也不敢对保安说"看门狗"，却无法让丁丁真正认识到自己的不妥之处。

妈妈正确的处理方式："冷冻"你的情绪。

在遭遇应激事件的前7秒，人的行为完全为情绪所控制，七秒过后理智才开始占上风。因此在当时那种极为尴尬的情境中，妈妈不用马上作出反应，先将难堪的情绪"冷冻"一下，等这七秒过去以后，再作出合理的反应。妈妈可以告诉丁丁这样说是不礼貌的，叔叔会感到难过，然后让丁丁向保安叔叔道歉，而不是妈妈代替丁丁道歉。

(2) 现在跟孩子讲"外表美不如心灵美"的大道理，孩子肯定是半懂不懂，那用怎样的方式来化解这让人尴尬的时刻，并且还能让3岁的楚楚明白自己说话的不妥呢？妈妈可以从孩子的生活实际入手，结合孩子比较熟悉的童话故事人物和喜爱的玩具来跟孩子讲道理，可以收到很好的教育效果。

妈妈正确的处理方式：通过故事循循善诱。

这位年轻的妈妈平静地对楚楚说："楚楚，你有几只泰迪熊呀？""两只，泰迪熊爸爸和泰迪熊宝宝。""那楚楚是喜欢胖胖的泰迪熊爸爸还是小小的泰迪熊宝宝呀？""我都喜欢。""为什么呢？"楚楚想了一下说："泰迪熊爸爸很勇敢，泰迪熊宝宝很可爱。""楚楚，泰迪熊有大有小，人也有胖有瘦，只要他们都是勇敢的、可爱的，楚楚是不是都喜欢呢？"楚楚睁着亮晶晶的眼睛仔细看了看胖叔叔，对胖叔叔说："胖叔叔是泰迪熊爸爸，我喜欢你。"胖叔叔和周围的人都被可爱的楚楚逗乐了。同时也不禁为楚楚妈妈的教育智慧喝彩。

(3) 由于和奶奶见面相处的机会较少，东东和奶奶之间的生疏是可以理解的，东东对奶奶说的那些话只是在客观地表达自己的真实想法，他并不知道自己的话会影响到奶奶的情绪、心理。

妈妈正确的处理方式：引导孩子体会别人的感受。

美国一位心理学家说："如果妈妈不教孩子注意别人的感受，孩子将处于十分不利的境地。"让孩子走出自我中心，学会考虑他人的感受需要妈妈在日常生活中一点一滴地引导。妈妈问东东："东东，你爱妈妈吗？""爱呀！"东东回答。

"那爸爸的妈妈是谁?""奶奶。""那你说爸爸爱他的妈妈吗?"东东点点头。"那你爱爸爸吗?""嗯!""没有奶奶就没有爸爸。没有爸爸也就没有你。你那样对奶奶说话,不仅奶奶难受,爸爸也会难受的。所以你要对奶奶好一点,好吗?""好的。"

(4) 幼儿期是孩子语言发展的关键期,孩子会对成人的语言,有时可能是脏话,发生强烈的兴趣,他们会不断重复一句新学的话,一方面是体会说这句话的乐趣,另一方面是想看看自己说这句话时人们的反应。

妈妈正确的处理方式:不予关注+在日常生活中作好表率。

奇奇妈妈每次听到孩子说"你这人有毛病呀",就对奇奇进行制止,但奇奇并没有停止说这句话,原因可能在于奇奇把妈妈的制止当成了一种关注,如果妈妈在奇奇说这句话时假装不在意或是没听到,他反而会不再说这句话。另外,很多时候孩子说出伤人的话都是源于父母的影响,像奇奇就是从妈妈口中学到这句话的,因此爸爸妈妈要注意使用文明的语言,以身作则,为孩子作好表率。

(5) 孩子就是孩子,他们不是成人,更不是外交家。孩子不是玩物,也不是妈妈炫耀的工具。妈妈需要反思从自己的角度出发让孩子做事情,很多时候孩子是做不到或者不愿意做的。孩子也有自己的憎恶喜好,而这同样值得成人的尊重。文文的童言无忌表达了她真实合理的感受,是应当被接纳的。

妈妈正确的处理方式:接纳孩子真实合理的感受和想法

因此文文妈妈在发现女儿开始皱眉头嘟嘴巴以后,就要问问文文,是不是不想要跟他们"啵"一个了,没关系,咱们告别也可以说"再见、拜拜"嘛。并不只是"啵"一个才能反映孩子的热情外向嘛。强迫孩子做孩子不愿意的事情,反而可能把孩子变内向。另外,文文妈妈在文文说"不啵臭小叔"以后哈哈大笑,并且说"文文不舍得小叔走"这样的话来化解尴尬也是不合适的,因为这也是文文内心感受的扭曲与否定。孩子再小,也能体会到这话中包含的不诚实。

很多时候孩子的童言无忌会给爸爸妈妈带来欢乐,但爸爸妈妈对孩子的童言无忌只是一笑而过的话，孩子可能会失去一次成长的机会。很多时候，孩子的童言无忌也会让爸爸妈妈苦恼、尴尬，生气，但爸爸妈妈如果只是简单粗暴地制止孩子，孩子可能"变本加厉"；也可能会变得沉默，不愿表达自己，这样是爸爸妈妈给孩子的心灵过早地穿上世俗的保护衣，使孩子失去孩童的纯真。面对孩子的童言无忌，需要爸爸妈妈的智慧、耐心和爱。

如何回答孩子的"怪问题"

"为什么"是孩子最早会问的问题之一。虽然数不清的为什么常常会让最有耐心的妈妈都头疼不已，但这却表示，孩子正在以主动的方式学习。

这些"怪问题"孩子有没有问过你呢？看看这里的答案能不能给你一点启发。

经典事例

朵朵问妈妈："为什么下雨后蚂蚁会从地底下爬上来？"

妈妈说："因为蚂蚁住在它的地下宫殿中。尽管科学家们不能确定，但他们还是认为，雨下得很大的时候，蚂蚁的地下宫殿里会积很多水，蚂蚁怕被淹死，所以就会爬到地面上来。"

"为什么长颈鹿有那么长的脖子？"朵朵又问道。

"因为长颈鹿爱吃长在大树顶上的新鲜叶子,但这些树非常高,为了吃到这些叶子,长颈鹿就一定要有很长的脖子才行。有些长颈鹿的脖子有 2 米多长呢!

长颈鹿的脖子虽然很长,但是它们脖子里的骨头却和我们人类的一样多,只是它们的每块骨头都很长而已。"妈妈耐心地说着。

朵朵睁着大眼睛问妈妈:"我们为什么要住在房子里?"

"我们只有住在房子里才能抵御坏天气,抵御夏天炎热的太阳和冬天寒冷的北风。世界各地有各式各样、千奇百怪的房子,这主要取决于人们居住的气候环境。比如那些居住在河畔的人,常常用竹子或木头将房子支在半空中,以抵御洪水的侵袭。"妈妈摸着朵朵的头温柔地说着。

感悟点滴

(一) 孩子的问题有特点

孩子的"为什么"除了和成人一样,是对知识信息的要求之外,还有着自己的特点:

(1) 以"我"出发。对于孩子来说,问"为什么"的问题总是以自我为中心的。比如孩子问"为什么那台机器声音这么大?"就完全可以理解成"你保证它不会弄伤我吗"。

(2) 想得到某种承诺。有时候,孩子问"为什么"是为了让大人给他一种承诺,比如他问"为什么我要照相?"就是想让你告诉他"因为照片可以留作纪念,宝宝长大了也可以看到小时候的样子。"

(3) 表示惊讶。很多时候,孩子向你提出问题,是为了表达他的惊讶之情。比如孩子问"为什么雨下得这么大?"更多的是他看了屋外的瓢泼大雨之后发出的感慨。

(二) 对待"怪问题"要有"好态度"

提问是孩子学习的一种重要的方式。所以无论孩子的问题多古怪,都要请你认真对待。

（1）弄清孩子想知道什么。孩子常常没有能力提出一个完整确切的问题，并以此获得他想知道的信息，所以有时候你的答案并不能令孩子满意。为了避免这种情况，在回答之前，你可以先反问孩子一个问题："宝贝，你是怎么想的呢？"如果还是不知道孩子想问的到底是什么，你就可以问一个指向那个答案的问题，比如："松鼠在窝里睡觉。你是不是想知道这个呢？"

（2）用孩子能理解的话回答。学龄前儿童并不需要知道每件事情的来龙去脉。你只需要用适合他年龄的词语回答他就行了。比如一个3岁的孩子问："为什么东西会往下落？"一种很不错的回答就是："地球在拉它们。地球这样做你是看不到的。这种现象还有个特殊的说法：引力。"

善待孩子的"假想伙伴"

一般来说，幼儿与假想伙伴的游戏发生在2岁半至6岁。心理学家皮亚杰认为，这时幼儿的思维处于前运算阶段，其特点是幼儿开始具有信号功能，产生了表象，可以摆脱动作的束缚，利用表象进行思维。幼儿与假想伙伴的游戏正是利用头脑中伙伴的表象来进行的。这与婴儿与玩具做游戏是同一性质，是幼儿时期的正常现象。

用智力量表和创造能力量表测验，发现有假想伙伴的幼儿智力较高，并且有创造性。

经典事例

我家多了个新成员，名字叫"扁嗒嗒"。但这个"扁嗒嗒"不是具体的人或物，而是桐桐创造出来的一个"小妹妹"。桐桐非常喜欢这个小妹妹，经常念叨她：

——扁嗒嗒是我的小妹妹，挨打了，我会保护扁嗒嗒；蚊帐倒下来了，把扁嗒嗒弄伤了我会安慰她一下；扁嗒嗒回到家吃饭，出来（时）扁嗒嗒把饭打翻了，哎哟，她这样不吃饭不对。

——窗户倒下来了我会安慰扁嗒嗒，窗户又倒下来了，扁嗒嗒哭了，然后我和扁嗒嗒出去玩儿，扁嗒嗒不想出去玩儿，外面太热了，扁嗒嗒大声叫着："救命啊！我掉到河里去了！"

小朋友打扁嗒嗒了，我会生气的，扁嗒嗒还会哭，然后我和扁嗒嗒一起回到家了，一起吃晚饭，然后我把扁嗒嗒放到小床上。扁嗒嗒不想睡小床，又跑到大床上来了。

——扁嗒嗒生气了，我会叫扁嗒嗒不要生气，扁嗒嗒跑开了，我会叫她不要跑开。扁嗒嗒不想坐着小凳子画画、不想吃饭、不想喝水、不想看书、不想剪指甲、不想铺垫子、不想放蚊帐，哎呀，这样不对，我会生气的。

——打雷了，我会保护扁嗒嗒，又打雷了，我又会保护扁嗒嗒，扁嗒嗒走丢了，不要走丢，坏人会来抓你的。

——扁嗒嗒想穿大裙子，但是穿不上，我给扁嗒嗒换上小裙子，给自己换上大裙子。

——扁嗒嗒再也不能去旅行了，因为她的眼睛被捅坏了，再也不能看东西了。

扁嗒嗒和我一起去游泳，突然她不想游泳了，她想回家了。

感悟点滴

其实，日记中关于扁嗒嗒的内容十分有意思。因为日记里面桐桐要借助扁嗒嗒表达的好恶竟然都是她的生活体验，比如，有时候她画画不愿意坐小凳子，她就说扁嗒嗒不愿意坐小凳子，她不喜欢喝水，她就说扁嗒嗒不想喝水，还说扁嗒嗒不想剪指甲、不想铺垫子、不想放蚊帐……其实这些都是她生活中实在不喜欢做的，于是就把这种好恶投射到扁嗒嗒身上了。但由于在日常生活中妈妈又常常告诫她应该这样做，于是她又矛盾地加了句评论"哎呀，这样不对，我会生气的"。这类表述反映出一个孩子面对自己的好恶和成人规范所作的思想斗争，很庆幸因为扁嗒嗒的存在，她有了宣泄自己内心矛盾的机会。

此外，因为扁嗒嗒的存在，桐桐在照看她的过程中还会不时地在头脑中进行一定的创造活动，以便安排各种"活动项目"，比如游泳、吃饭、旅行等。有时候，这类活动还有一定的情节描述，她还会运用很多从绘本上看来的表达或者生活常识，比如，"救命啊，我掉到河里了"，很有意思。无疑，在这个过程中，桐桐不仅得到了交往的精神满足，也得到了想象力的锻炼。

品味孩子的重口味礼物

就给妈妈送重口味礼物这种行为来说，如果我们不站在孩子的角度读懂他的心思，就很难找到恰当的解决办法，或者因为过于急切而带给孩子压力。实际

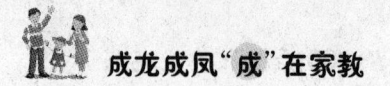

上，孩子进入某个年龄段，他们必然会对自己身体的分泌物、排泄物产生浓厚的兴趣。心理学称之为"肛欲期"。处在"肛欲期"的孩子不仅对鼻屎感兴趣，还会对他的大小便感兴趣。

经典事例

西西妈实在太困了。没等西西睡着，她已经进入了甜美的梦乡。隐隐约约地，她觉得有人往她嘴里放了些什么。一种咸咸的味道透了出来。"妈妈，给你吃！"西西妈一激灵，睁开了双眼。她立刻被眼前的景象惊呆了：西西左手抠着小鼻孔，右手捏着一坨鼻屎送了过来。与此同时，他的小嘴巴里还在咀嚼着什么。天哪！原来那咸咸的味道……

相信很多爸爸妈妈们都获得过孩子如此重口味的礼物。

那么，当孩子一片诚心，将一坨鼻屎送到你面前的时候，以下的应对方式，你会选择哪一种呢？

（1）大惊失色训斥孩子："天哪！脏死了！拜托！不要再抠鼻子了！"然后带着厌恶与苛责的表情，赶紧把他的鼻屎清理干净。

（2）接过孩子的鼻屎，优雅地来上一句："宝贝，谢谢你的礼物。我想把这个礼物转送给垃圾桶！垃圾桶可喜欢这样的礼物了。垃圾桶，你可要说谢谢哦！"当然，给孩子一个亲吻，或者摸摸他的小脑袋表示感谢，那是必须的。

（3）接过孩子的鼻屎："哇，这是什么呀？看起来很奇怪哦！"然后展开一场关于鼻屎的对话。

（4）接过孩子的礼物，用纸巾包起来："这个礼物好特别啊！我要把它收起来。"事后再找机会悄悄扔掉，并找来与挖鼻孔、鼻屎等相关的图书，或者其他相关的资料，跟孩子一起享受阅读的乐趣，探究鼻屎的奥秘。

感悟点滴

　　大多数年轻的妈妈除了第一种方式，其他方式都会采用。或许有少数的妈妈会质疑："天哪！难道你想纵容甚至鼓励孩子这样的行为吗？"当然不是。孩子的很多行为都不能简单地以对错来衡量。妈妈们之所以接受不了他的某些行为，是因为不了解他这些行为背后隐含了什么样的心理需求，自然也不懂如何顺应他的心理需求去解决问题了。因此，遇到孩子出现一些妈妈不太能接受的行为时，妈妈不妨先问自己两个问题：他为什么要这样呢？这是他的心理需求吗？这两个问题的答案找到了，妈妈对孩子的理解就更深入了。

　　试想，当孩子出现这样的行为，妈妈若以粗暴的方式阻止了他，会带来什么样的后果呢？首先，孩子将他自以为很珍贵的礼物送给妈妈，那是多么充满爱的一种行为啊！而结果是，孩子的好心得不到回报，反而招来一顿训斥甚至其他方式的惩罚。表达爱的结果如此，孩子是不是会有很受伤的感觉呢？其次，孩子对因果关系的理解需要建立在经验的基础上，一次这样的惩罚未必能让他明白挨罚的原因，就算他明白了，要让孩子理解并服从，也是需要时日的（这就是为什么很多孩子会不断"犯同样的错误"的原因之一）。下一次，或许他还会继续尝试。直到有一天，他终于明白"鼻屎事件"是挨罚的诱因，这个事情真的不能做。当孩子明白这层关系的时候，他也许被罚过很多次了。即便他只被罚一次便明白其中的道理，并且很乖巧地终止了这个行为，也是导致成年后不自尊不自重的早期诱因之一。再次，妈妈突然变得如此"凶神恶煞"，孩子的内心会十分恐慌。很多孩子被妈妈吓过之后，需要很长时间才可以重新找回安全感。这是多么得不偿失的一种方式呀！

　　对孩子来说，自己的体内居然能生产出这样的事物，那是多么神奇的事情！他当然有抑制不住想要探究其中奥秘的冲动啦！

当然，为了防止妈妈不在场的时候，孩子送给别人这样的礼物，妈妈可以给孩子一些引导："这个礼物妈妈最喜欢了，你只送给妈妈一个人好不好？你也可以送给垃圾桶，垃圾桶收到这个礼物肯定特别开心。嘘，这可是我们俩的小秘密哦！"妈妈这样的要求，孩子通常都会满足。毕竟，对他来说，妈妈才是他最爱的那个人呀！博得妈妈的欢心，也是小孩子最大的心理需求呢！

如果妈妈不想再接受孩子类似的礼物，也可以换一种方式来表达："这个礼物很珍贵的，有一个就好了。多了就不珍贵了。你知道我现在最想要的礼物是什么吗？一幅画（一个小纸片，一朵花，一根小树枝……），要不，你送我一幅画（一个小纸片，一朵花，一根小树枝……），好不好？"

孩子眼里的世界是什么样

对于孩子，妈妈在海拔上，享受着"会当凌绝顶"的伟岸。关于名叫"社会"的东西，孩子一窍不通，但是孩子的一个微笑，是毫无防备的信任和真诚；一次伤心，是毫无掩饰的爱。所以妈妈不妨敞开心扉，拥抱一次来自低处的童真。

经典事例

故事一：穿越，换个空气鼻子

最近网上比较时髦的穿越游戏，其实小朋友玩得最炉火纯青，因为他们可以在未来和过去，现实和想象的世界中如意穿行，任何边界在他们眼里都十分模糊，所以当你碰掉他们的"城堡"时不是一句对不起就能完事的！

天气冷暖交替之际，扣扣妈感冒了，鼻子不通气，流鼻涕。不得不经常拿着卫生纸擦鼻涕。经常擤鼻子就把鼻子弄得红红的。晚上睡觉的时候，扣扣坐在妈妈身上骑大马，然后俯下身来看到扣扣妈红红的鼻子，立马说："妈妈，我给你换个鼻子吧！""为什么给我换个鼻子呢？""你的鼻子坏了，我给你换个新的。"

扣扣在空气中一抓，就像立马造了一个新鼻子，安到扣扣妈的鼻子上面说，"好了，给你换个新的了。"原来他认为，世界里所有的东西都可以换新的。妈妈的鼻子不舒服，换个新的就好了！

故事二：童真，宝宝听到狼哭了

有一个关于童真的故事，在美国一个小镇里，5岁的珊妮想要救患有不治之症的弟弟。一次听到爸爸妈妈谈话时说要想救弟弟只有靠奇迹了。她用1元钱，跑遍了所有超市去购买叫做奇迹的东西，一位医生被女孩感动，最终医治好了弟弟。童真也许就是发自心底的真诚、信任和爱！

晚上，扣扣正痴迷于《动物世界》，电视里大概是说，一只落单的狼希望找到属于它的"族群"，但是进入其他狼群的领地之后遭到了无情的驱逐。那只狼在嚎叫，听起来有些凄厉。扣扣说了一句，"它哭了！"扣扣妈从来没有这样想过。那不过是一只狼在嚎叫。它哭了，扣扣说得没错，那只狼经历了孤独和寂寞，遭受了驱逐，当然会哭泣。它哭了，妈妈眼中的狼是残忍的，它怎么会哭？孩子眼中所有的动物都是美好的，即使是狼。扣扣妈震撼了……

故事三：模仿，好坏照单全收

"我能不能站着小便？""你怎么能打其他小朋友呢？""你这孩子，这么小就不学好，大了还了得？"孩子就是一张白纸，不管是坏习惯还是好习惯，都来源于他们的一双好奇而又照单全收的眼睛。

扣扣很喜欢读书，常有亲友询问扣扣妈为什么女儿这么爱读书？有什么秘诀？扣扣妈想来想去，只有一个经验，那就是因为扣扣妈和扣扣爸两人都是教师，回到家里除做家务外，就是看书、备课、学习。孩子看在眼里，也就跟着模仿，吵着要看书。

感悟点滴

世界是好玩的，也可以说成：世界是有趣的，孩子们自己是不能说出这个答案的，但是他们能用那好奇的小眼睛显示出这一点。一种陌生的颜色，一串陌生的声音，一个能摸到的物体，它们是什么？也许孩子们还没学会提问，就已经在努力用自己的方式去寻求解答了：或是往嘴里塞，或是放到耳边听，或是往地上扔。一只乒乓球在地上蹦来蹦去，出生不几天的小猫见着了，会竖起耳朵趴在地上，煞有介事地沉住呼吸观察老半天，最后向乒乓球扑咬过去，嬉戏不已；而换作一只老猫，它先是会警觉地瞥一眼，然后无动于衷地继续躺在地上打着瞌睡。

一个好玩有趣的世界，只有一颗充满好奇的心灵才能看见，而这种好奇天生就伴随着探索和学习的欲望。然而习惯会不断侵蚀我们的好奇心，使我们对自己周围的日常事物习以为常，而懒于探索，懒于学习。并不是因为我们的知识和经验增多了，世界就由此而变得生硬无趣，而是因为我们的视野被简单化抽象化了，而视角被僵化了，好玩有趣的世界才远离了我们。为了弥补习惯对天生的好奇心所造成的侵蚀，我们需要以更多样的方式，更细致地进行观察，以便丰富这个世界的形象，正是这种丰富才能为我们的好奇心注入新的活力，使之长盛不衰。

无须严格禁止你的孩子把路边拣来的石头、破铜烂铁当作宝贝，或是把一个完整的东西大卸八块。因为在这个过程中，孩子已学会思考、分辨事物，自己动手去做。倒是对任何事物都没什么创意的孩子更令人担心，这类孩子可能是受到过度的干涉或保护，失去自由的创造力；或是生长环境太单调，缺乏刺激，所以创意无法发展。

孩子吃惯了某家餐馆的饭菜之后，你可以带孩子到另外一家从未光顾的地方去尝一下。也许会很难吃，也可能有意想不到的美味。

食物不只在超市和菜场有售。还可以和孩子一起采集，比如弯曲的蕨菜嫩芽、红红的野生悬钩子、香喷喷的野葱、酸酸的虎杖，还有蒲公英、玫瑰花、槐花……勇于尝试不一样的东西，是创意的本质。

散步的时候，妈妈带着孩子，经常地离开习惯的区域，而朝从未去过的区域前进，让孩子感到他总是在寻找新的"探险"。

城市的夜晚和白天是不一样的。偶尔和孩子晚些出门，让孩子因为发现有很多和白天不同的事物而惊讶不已。甚至可以冒险让孩子尝一下路边"安徽料理"。

有看到过狗狗是怎么爬山的吗？它们对每丛灌木都会有兴趣把鼻子伸进去摸索一遍。我敢打赌，它们发现的事情比我们要多很多。学着像狗狗那样散步，从脚底会发现更多的东西，比如冬眠的蟾蜍、蛇蜕、羽毛。在这过程中也能获得更多的乐趣。

如果一家都是自驾车旅游的爱好者，不妨偶尔放弃这种习惯，改作带着孩子骑自行车出游，换个速度和高度看看世界，一定有些新的收获。

选择一个陌生的地点，过去看看。和孩子一起看看陌生地方的陌生人是如何生活的，有什么独特的风景，他们的菜场是什么样的……再确定一个目标，就是在年底之前要拜访几个地方。

图书里有太丰富的天地，从火星上的日出到马里亚那海沟底部的管型虫，应有尽有。让孩子了解更多不一样的生命和各种奇迹，这对发挥创意是很好的刺激。

忘了新玩具吧！给孩子一个空盒子就会让他很高兴，盒子上不要有钉书钉或锋利的毛边。奇怪的小石头、漂亮的树叶、空瓶子……孩子会有自己的所罗门王的宝藏，不断从平凡事物中发现不一样的特质。

穿上雨衣和套鞋，看看雨丝如何改变了城市的面貌。一起出去找水坑，踩得水花四溅，看看双脚跳和单脚踢会制造出怎样的水花。再看看水里的倒影，倒过来的世界会有什么奇妙。

不管是对把动物关在笼子里有什么看法，动物园确实给孩子提供了接近野生动物的机会，让图书上的动物活生生出现在眼前。如果孩子对猴子的午餐或北极熊的皮毛有什么疑问，妈妈可以和孩子一起去寻找答案。

如果孩子对植物是怎么长出来的有兴趣，鼓励孩子拿个空鸡蛋，截去顶部，洗净。在蛋壳上画上小花脸。在蛋壳底里放上湿润的棉花，然后撒几粒绿豆，将蛋壳放在窗台上，每天浇水，等着豆芽长出来。

在窗台下钉块板子，耐心、定期地添放些饼干屑、谷物、葡萄干、坚果等，吸引城市里的麻雀、鸽子、白脸雀等来"吃饭"，然后就可以和孩子一起研究鸟儿的生活了。

不管是儿子还是女儿，都可以让孩子和爸爸一起把电扇拆开，擦干净再装回去。虽然多半只能递个起子、捏着螺丝，但这也可以让孩子对机械有些创意。

学些新的玩意儿。吹口哨、打水漂、在小溪上筑道小堤坝、榨橘子汁、手影游戏、绷绳子、丢沙包……不要拘泥于性别，让孩子知道总是有许多"新的世界"等待他们去征服。

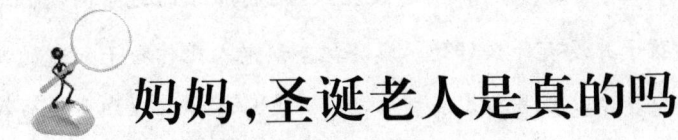

妈妈，圣诞老人是真的吗

当孩子发现他们最喜爱的白雪公主、彼得潘、超人等只不过是一些虚构人物时，妈妈可能连眼睛都不会眨一下，能够做到丝毫不动声色。但是，圣诞老人是一个与众不同的幻想人物。妈妈应该做任何事情努力保护他，不让这个独特的童年幻想就此泯灭。当妈妈在回答这个问题的时候，如果直截了当地说"当然不是真的啦"，那听起来该有多么残酷啊！

经典事例

圣诞节到了，涵涵早上起来的第一件事就是翻床头的袜子，然后高兴得直叫说："妈妈，我得到奥特曼的漂漂鞋了。"奶奶笑得憋不住了，说其实圣诞老人是爷爷，你夜里没听见什么吗？涵涵像真的听见什么一样说："好像听到过门响。"但她不相信那是爷爷。

成龙成凤"成"在家教

再大一点之后，涵涵上的剑桥英语班开圣诞PARTY，学校找了一个年轻的老师打扮成圣诞老人的样子，在他们联欢的中途给每个孩子送礼物。不知道什么时候，涵涵和伙伴们跑到圣诞老人身边，拽着他，跟他照相。照相结束，涵涵跑过来，惊讶地说："妈妈，我发现一个秘密，你猜是什么？""宝贝！妈妈猜不到呢！"涵涵妈妈说。"那我告诉你吧，别看圣诞老人有白胡子，其实圣诞老人是个女的，她的手可软乎啦！"涵涵一脸认真地和妈妈讲着。

感悟点滴

儿童教育心理学家凯仁·柯伦建议说："对待孩子的这个问题，给出黑白分明的答案，对孩子并没有什么好处。我会把圣诞老人比作孩子知道的其他某个虚构人物，然后把孩子的注意力引导到圣诞老人是一个什么样的人，他代表着哪些精神，有什么象征意义，比如他是慷慨、友善、和蔼等美德的化身，而不要去关注圣诞老人是谁。"

如果有一个敏锐而机灵的孩子，那又该怎么办呢？小小年纪就对一切表现出怀疑的态度，他很可能会察觉到你在回答时有些含糊其辞。儿童心理学家盖娜·斯布托尼就有一次这样的经历。她4岁的儿子曾经就圣诞老人是真是假的事情追着她刨根问底儿。她回忆说："那真叫一个盘问得紧呀！他对我说：'圣诞老人不可能真的坐在雪橇上，让驯鹿拉着他走。还有，对圣诞老人来说，烟筒上的那个洞也太小了吧，他根本就不可能从那里钻下去的呀，妈妈，是这样吧？我说得对吧？'"

当孩子看架势确实是想寻求事实真相时，妈妈们到底应不应该负隅顽抗呢？到底该抵抗多久呢？对此，儿童心理学家盖娜·斯布托尼表示："我认为，如果孩子如此直接地表达出他们想知道事实真相，不管他们的年龄有多大，你都要放弃这种抵抗，为他们呈上事实。"她继续说："我曾问过我儿子，问他为什么认为圣诞老人不是真的，然后用他自己的观点来引导他。"

如果孩子们坚定地认为那就是事实，而且是不容辩驳的事实，那么再试图来维持这一幻想就没有多大意义了。盖娜·斯布托尼说："我认为，当孩子想知道真相的时候，我们就必须告诉他们事实。当时，我回答孩子说，圣诞老人坐在雪橇上，这件事不是真的，但这个故事给我们的感觉都是真的。现在，我们仍然能够享受圣诞老人的故事带给我们的幸福和快乐呀！"

从儿童身心发育的角度来说，一个 4 岁的孩子挑战圣诞老人的秘密，还是不太常见的事情。然而，到了七八岁，孩子开始探索并挑战想象和现实之间的界线，这样的事情就变得越来越普遍了。同样是在这个年龄段，他们对世界的理解和认知会日益增加，他们因此不可避免地会开始提出这一问题。一个老人会沿着烟囱滑下去，到每个孩子家里送圣诞礼物？这样的事合乎逻辑吗？即使是这样，逻辑是一回事，如何回答是另一回事，妈妈们应该仍然谨记在心：对于培养孩子的想象力和创造力来说，这些幻想人物是多么重要啊！

儿童教育心理学家凯仁·柯伦说："这些虚构人物真的太重要了，它们能帮助孩子更好地理解这个世界。此外，对于孩子的身心健康和文化修养来说，这些虚构人物也同样非常重要。"

在回答这个问题时，保持敏锐也非常关键，因为这时你的诚实也是悬于一线，同样非常容易遭到质疑。儿童心理学家盖娜·斯布托尼说："我想，你最不希望的就是孩子转过身来，对你说，'那你以前一直都是在对我撒谎喽？我再也不会相信你啦！'我为什么要对孩子强调我们仍然能享受圣诞老人带来的乐趣，以及为什么不让这个故事继续流传下去呢？正是因为我担心孩子会说出上面那种话。"

如此强调一番，再加上一个郑重的承诺，这个不太好回答的问题就能轻松搞定啦！当然，这个承诺最好是："你仍然会从圣诞老人那里得到一款梦寐以求的游戏机。"

妈妈,世界上最大的数字是多少

如果妈妈们认为数学可以为孩子提供一个直接而具体的答案,那还是再想想吧。"世界上最大的数字是多少?"这样一个问题,需要妈妈条理清楚地解释无穷大、不可数和无限这些抽象的概念,指明它们意味着无法计算,这些会涉及严谨的数字运算。

经典事例

你知道星星有多少颗吗?动物园里的小动物们就这个问题展开了讨论。尽管讨论十分激烈,可是却没有一个统一的答案。最后,聪明的小松鼠说,有多少个数就有多少颗星星。大家觉得这个提法很有道理。可是世界上最大的数是什么呢?

任何一个人都不能数到数的尽头。到目前为止,不管是多有天分的数学学者,也没有人能够找到数的尽头。

许多数学家为了找到"世界上最大的数",真是煞费苦心、上下求索。阿基米德曾想:"把太空和大地都用沙粒装满,将需要多少粒沙子呢?"从这个问题出发,他得出了10的51次方,即"10^{51}"这样一个庞大的数字,但这也不是世界上最大的数。

在东方，人们也在为寻找最大的数而不懈努力。找到一个大数的话，人们就会为其命名，古代的中国把"极"看做是最大的数，"极"是相当于 10 的 48 次方的巨大数字，但是"极"也不是世界上最大的数。

在印度，人们找到了比"极"更大的数，它是 10 的 52 次方，被称为"恒河沙"。"恒河"是"干机斯河"的汉语读法，"沙"在汉语中就是"沙子"的意思。

大到无法计算的"无量大数"在印度和中国等东方国家被认为是最大的数，但是"无量大数"还不是世界上最大的数。

事实上数根本就没有尽头，虽然无法把数全部数完，但我们却可以不断延伸对数的认识。因此现代数学当中就产生了表示"数是没有尽头"的含义的"无限大"，用符号∞来表示。

数的大小决定了数的数目，无量大数不能找到，数的数目怎么能搞清楚呢？天上的星星又怎么数得清楚呢？

感悟点滴

牛津大学著名的数学教授马库斯·杜·桑托伊说："对于这个问题，我的第一反应是，世界上没有最大的数字这一说，也就是说无穷大。这种观念已经挑战数学家们一段时间了。"

在回答这类问题时，德国数学家乔治·康托尔于 19 世纪末期首次提出了"不可数无穷大"的概念。数学教授马库斯·杜·桑托伊说："乔治·康托尔的理论给数学发展带来了一场革命，但是这一理论在当时很难被人们接受。由于他的工作长期遭到反对等原因，他多次患狂躁抑郁症，最终死在精神病医院里。一部分是因为他患有精神紊乱症，但同时也是因为这一课题确实是一项让人头昏脑涨、心神不宁的工作。"

"但这项研究依然还是非常有趣的。"马库斯·杜·桑托伊说，"一想到有个无穷大的数字,就会觉得兴奋。目前,还没有一个最终的数字被认为是最大的数字,这样一来你就越会迎接这个挑战,努力地思索数字到底是如何不断持续下去的。"

比起妈妈们来,孩子可能觉得这一领域并不那么令人心烦意乱。事实上,在他们一开始学会数数的时候,这个问题就会自然而然地吸引他们。当孩子在六七岁的时候,尤其在和其他小朋友争着抢着说出最大的数字时,他们就会表现得尤其兴高采烈。西蒙·辛格是《费马大定理》一书的作者,同时也是牛津大学沃德姆学院的数学教授。他说:"孩子们在操场上比赛说出世界上最大的数字,每个孩子都有自己的想法,而他们说出的那个数字,你可以接着一直数一直数,数到永远。他们也总是试图战胜对方,一个孩子说出他自认为是最大的数,另一个孩子就会在这个数字的基础上加上1,而另一个孩子又会再加上1。"

当孩子在操场上比赛说世界上最大的数字时,妈妈可以给孩子一些新的冲击,即使给出的不是世界上最大的数字,也可以是一些非常庞大的数字。葛立恒数,这是一个确定的数字,可能会觉得自己抱着一只手的手指头也能轻松自如地数到头。但是,不是这样的!这个数字是罗纳尔德·葛立恒提出来的。根据吉尼斯世界纪录,目前人类所创造的具有实际意义的最大的数就是葛立恒数,而且曾经作为数学证明被使用过。这个数字是如此之庞大,甚至没有简要的方法能将它真正地写下来。不过,当比利的小伙伴得意洋洋地大声喊出一百万万亿零一的时候,对于一心想以智取胜的比利来说,这个葛立恒数听起来就无异于一个"杀手锏",只要一说出口,就肯定能得胜。

如果告诉比利还有"古戈尔(googol)"这个巨大的数字,那他在和小伙伴们比赛说世界上最大的数字时可能会赢得更漂亮。古戈尔,是10的100次方,在数字1后面跟着100个零。这个概念是美国数学家爱德华·卡斯纳于1938年提出的,不过,"古戈尔"这个名字却是他9岁的侄子米尔顿·西罗蒂建议的。当时爱德华·卡斯纳问米尔顿·西罗蒂这么大的一个数应该怎么称呼呢,小家伙思索了片刻之后就说出了这个名字。

虽然创造出了比宇宙中可观测到的原子数量还要庞大的一个数,但爱德华·卡斯纳还是不满意,他又创造了一个超过古戈尔的数字——古戈尔普勒克斯。古戈尔普勒克斯,则是在数字1后面跟着古戈尔个零。"这只是为了令人吃惊而做出令人吃惊的事!"数学教授西蒙·辛格承认说,"很快地,你就会觉得大脑好像无法理解数字了一样。"

问问你的孩子,如果有机会给世界上最大的数字之一起名的话,他打算叫那个数字什么。你会发现那是一件更有趣的事儿。毫无疑问,他们取的名字肯定会比葛立恒数好得多。

孩子想象天空何必都蓝色

"不是希望让孩子在自由和快乐中成长吗?那就不要去打断正沉浸在自己斑斓色彩的世界中的孩子,让他们的童真在画布上蔓延,在没有任何束缚中发挥出无限创意。"

经典事例

五岁的朵朵最近可开心了,自从参加了一次创意涂鸦活动后,朵朵妈就专门买了一个白板支在客厅里,任由女儿在上面画了又擦、擦了又画。有一天,朵朵在画画,朵朵妈看见朵朵把天空画成了彩色,就和朵朵说:"天空应该是蓝色

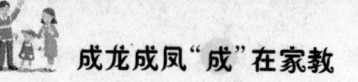

的呢！"

朵朵一脸稚气地回答："彩色的多好看哇！还是彩虹的颜色呢！每次雨过天晴后天上就会出来一道彩虹，整个天空都是彩色的呢！"朵朵妈这才明白孩子为什么会赋予天空另外一种颜色。

感悟点滴

那么妈妈该如何帮助孩子们提高对色彩的认识呢？

首先，从孩子开始喜欢上拿笔涂鸦的那一刻起，妈妈们就应当细心地引导孩子慢慢地学会观察生活，留心生活视野中的一景一物一事一人，辨别其中不同的色彩，以及各种色彩所代表的含意。

其次，便是要启发孩子该用哪种颜色的彩笔来描绘生活，比如，用蓝色的彩笔去画天空，用红色去画太阳，用绿色去画树叶，用黑色去画肮脏，用粉色去画开心，从而让他们在细小的心灵上接受对色彩的感性认识。

再次，在指导孩子进行色彩练习时，要向孩子们首先传递的一个绘画理念是，任何色彩都是由红、黄、蓝三种基本颜色构成的，而且这三个原色按不同的比例混合，可以调合成其他各种颜色，比如，红色加上黄色可调混成橙色，蓝色加上黄色会变成绿色，红色与蓝色搭配又会演变成紫色。而色彩变化的奥妙如此无穷，正是形成孩子们对绘画感兴趣的第一步。

最后，在孩子们慢慢有了自己的"创意灵感"后，妈妈千万不要去横加指责，按自己的理解框死孩子对色彩的想象与应用。比如，即使孩子没有把天空画成蓝色、没有把树叶画成绿色、没有把飞机画成银色，都不要去随意责备，而要善于和孩子一起分析"创作"色彩的真实目的是什么。此时，让孩子任意涂鸦，任意挥洒心中对色彩的感悟，或许会更有意义。